BEI GRIN MACHT SICH IHR WISSEN BEZAHLT

- Wir veröffentlichen Ihre Hausarbeit, Bachelor- und Masterarbeit

- Ihr eigenes eBook und Buch - weltweit in allen wichtigen Shops

- Verdienen Sie an jedem Verkauf

Jetzt bei www.GRIN.com hochladen und kostenlos publizieren

Sabine Gramm

Das Enneagramm als praktisches Instrument beruflicher Persönlichkeitsprofilierung im Talent Management

GRIN Verlag

Bibliografische Information der Deutschen Nationalbibliothek:

Die Deutsche Bibliothek verzeichnet diese Publikation in der Deutschen National-
bibliografie; detaillierte bibliografische Daten sind im Internet über http://dnb.d-
nb.de/ abrufbar.

Impressum:

Copyright © 2006 GRIN Verlag, Open Publishing GmbH
Druck und Bindung: Books on Demand GmbH, Norderstedt Germany
ISBN: 978-3-656-25603-8

Dieses Buch bei GRIN:

http://www.grin.com/de/e-book/198893/das-enneagramm-als-praktisches-instrument-
beruflicher-persoenlichkeitsprofilierung

GRIN - Your knowledge has value

Der GRIN Verlag publiziert seit 1998 wissenschaftliche Arbeiten von Studenten, Hochschullehrern und anderen Akademikern als eBook und gedrucktes Buch. Die Verlagswebsite www.grin.com ist die ideale Plattform zur Veröffentlichung von Hausarbeiten, Abschlussarbeiten, wissenschaftlichen Aufsätzen, Dissertationen und Fachbüchern.

Besuchen Sie uns im Internet:

http://www.grin.com/

http://www.facebook.com/grincom

http://www.twitter.com/grin_com

Sabine Gramm

PROJEKTBERICHT

Thema:

**Das Enneagramm als praktisches Instrument
beruflicher Persönlichkeitsprofilierung
im Talent Management**

Projektbericht, vorgelegt zur Erlangung des Zeugnisses über die Diplomprüfung
im Studiengang Betriebswirtschaft der AKAD-Fachhochschule Stuttgart.

Ettlingen, den 1. September 2006

Projektbericht:

Das Enneagramm als praktisches Instrument

beruflicher Persönlichkeitsprofilierung im Talent Management

Titelblatt

IV. Vorwort

Der vorliegende Projektbericht wäre ohne die vielen Geburtshelfer, denen mein innigster Dank an dieser Stelle gilt, nicht möglich gewesen. Es ist mir ein Anliegen, stellvertretend für alle, einige von Ihnen namentlich zu erwähnen:

Meine Mutter Hildegard, die mich beim Eintippen in den Computer liebevoll mit Essen versorgte und immer wieder nach mir schaute; mein Vater Reinhold, der im Haus handwerklich tatkräftig mit anpackte und mir somit Zeit schenkte; meine Haushaltshilfe Margarete, die emsig dafür sorgte, dass ich mich wohl fühle, die Firma S&P Assekuranzmakler GmbH, Ettlingen, die mir Ihren Besprechungsraum mit dem schönen ovalen Marmortisch zur Verfügung stellte, insbesondere der Geschäftsführer Tino Scraback, der einige Teilnehmer für dieses Projekt gewinnen konnte und auch selbst dabei war; die Firma GRAD° GmbH Kopiersysteme, Ettlingen, die zwei Ihrer Mitarbeiter für das Seminar schickte und mir zum Kopieren ihre modernsten Kopiersysteme zur Verfügung stellte. Insbesondere die beiden Geschäftsführer Martin Weinbrenner, ein sehr integerer Mensch, und Uwe Weiss, der mir in allen technischen und auch menschlichen Belangen kompetent und zuverlässig als treuer Freund zur Seite stand; natürlich meine ganz besonderen Seminarteilnehmer Tino, Denise, Yvonne, Ann-Kathrin, Ralf, Sonja, Eva, Rebecca, und Martina, die mir durch ihre Seminarteilnahme Zeit und Vertrauen in meine Arbeit schenkten; meine tapfere Schwägerin Kathrin, die meine Kinder während des Schreibens betreute, meine großzügigen Schwiegereltern Gerda und Gerhard, die für den nötigen finanziellen Rahmen aufkamen, mein Ehemann Alexander, der mir Zeit und Raum gab und im Vorfeld des Projektes zahlreiche wertvolle Anregungen mit Tiefgang; und natürlich meine beiden wunderbaren Kinder Rebecca und David, die mir durch ihre Selbständigkeit und Geradlinigkeit zeigen, wie gut die Erkenntnisse durch vertiefte Menschenkenntnis direkt und indirekt bei Ihnen ankommen und Früchte tragen.

Alle Genannten, und auch noch so manch Ungenannte, sind direkte und indirekte Bestandteile dieser Arbeit.

Sabine Gramm   Ettlingen, den 3. September 2006

DAS ENNEAGRAMM ALS PRAKTISCHES INSTRUMENT BERUFLICHER PERSÖNLICHKEITSPROFILIERUNG IM TALENT MANAGEMENT

1. EINLEITUNG

1.1. BEGRÜNDUNG DER THEMENWAHL

Jährlich werden viele Millionen personeller Auswahlentscheidungen getroffen. Ihre Qualität ist so unterschiedlich wie die hierzu verwendeten Methoden. Neben den leichter erkennbaren Fähigkeiten, Fertigkeiten und Kenntnissen eines Menschen sowie seinen etwas verdeckteren Interessen, Bedürfnissen und Werten, gilt es außerdem seine verborgenen Entwicklungspotenziale und allgemein erfolgsrelevanten Eigenschaften zu erkennen. Personalmarketing ist dann am erfolgreichsten, wenn es gelingt, diejenigen Menschen zu gewinnen und zu halten, welche am besten mit einem bestehenden Arbeitsangebot zusammen passen. Herrscht weder Über- noch Unterforderung, und besteht zudem die Möglichkeit, die berufsbezogenen Kompetenzen weiter zu entwickeln, ist der Mitarbeiter am richtigen Platz und trägt damit möglichst viel zum Erfolg des Unternehmens bei.[1]

Um die geeigneten Mitarbeiter zu finden, werden bei Neueinstellungen, Bewerbungsunterlagen gesichtet, Vorstellungsgespräche geführt, Graphologen zu Rate gezogen und verschiedene Testverfahren (Assessment-Center, Persönlichkeitstests, Potenzialevaluationen u.ä.) durchgeführt. Bei Umsetzungen wird mit den bisherigen Vorgesetzten gesprochen, die bestehende Personalakte angeschaut, ein Personalentwicklungsgespräch geführt und eventuell eine Skill Gap Analyse[2] durchgeführt. Fehlentscheidungen im Personalbereich kosten viel Zeit und Geld. Zur falschen Zeit am falschen Platz beruflich eingesetzt zu sein demotiviert nicht nur den Mitarbeiter selbst, vielmehr noch ist es eine Verschwendung von Ressourcen aus ganzheitlicher Sicht, was sich nicht zuletzt auch monetär durch geringere Produktivität für den Arbeitgeber bemerkbar macht.

„Mitarbeiter sind ein wesentlicher Faktor erfolgreicher Unternehmensführung – vor allem dann, wenn die persönlichen Talente der Mitarbeiter zu ihrem eigenen Wohl

---

[1] Vgl. Rosenstiel, Regnet, Domsch (Hrsg.): „Führung von Mitarbeitern" (2003, S. 152)
[2] Gillies, Wissensträger identifizieren. In: ManagerSeminare, Bonn, Heft 69, September 2003, S.81

und für den Erfolg des Unternehmens eingesetzt werden. Die Folge: Führungskräfte müssen in der Lage sein, die individuellen Stärken all ihrer Mitarbeiter zu (er)kennen und diese gezielt zu nutzen. Zum einen, weil Talent Management ein Schlüsselkriterium für Leistung und Engagement der Mitarbeiter ist. Zum anderen, weil durch Identifikation und Weiterentwicklung der jeweiligen Mitarbeiterpotenziale das Erreichen strategischer Zielsetzungen des Unternehmens unterstützt wird."[3] Talent ist eine „Anlage, die für besondere Leistungen auf einem Gebiet befähigt."[4] Menschen sind keine Talente, sondern haben Talente, d.h. Potenziale. Talent Management bedeutet die für ein Unternehmen strategisch erfolgswirksamen und raren Talente zu definieren, identifizieren, gewinnen und fördern durch Aufgaben. Talente im Sinne von High Potentials suchen sich ihren Weg: „Das Talent rennt von allein."[5] Doch es gibt nicht nur bei den „High Potentials (eigenverantwortliche Steuerung der persönlichen Entwicklung)"[6] Talente zu entfalten. In jedem Mitarbeiter stecken Potenziale, die es wert sind, entdeckt und gefördert zu werden, damit daraus Kompetenzen erwachsen können. „Talent beschreibt das Potenzial, Kompetenzen zu entwickeln....wer Talente nur als Gaben und nicht als Aufgaben betrachtet ist ihrer nicht wert."[7] Alle Talente müssen die Chancen und Möglichkeiten haben, sich im Unternehmen zu entfalten...[8] Talentmanagement im Sinne dieses Projektberichts umschließt die Gesamtheit der potenziellen und vorhandenen Mitarbeiter eines Unternehmens und konzentriert sich auf die Identifikation der persönlichen Kernkompetenzen.

Hierfür ist es hilfreich, das Profil der (potenziellen) Mitarbeiterpersönlichkeit klarer erkennen zu können. Mit Persönlichkeit ist hier die ausgeprägte Individualität eines Menschen[9], das in einem Menschen spezifisch organisierte Gefüge von Merkmalen, Eigenschaften, Einstellungen und Handlungskompetenzen"[10] gemeint. Unter Profil ist in diesem Kontext das Erscheinungs- und Persönlichkeitsbild[11] eines Menschen

---

[3] Kruppa, Talent Management, www.buchakademie.de/sem/sem.php3?id=646, 23.08.06
[4] Meyers Grosses Taschenlexikon, Bibliografisches Institut, Mannheim, 2001, Band 22, S. 149
[5] Vgl. Dr. Trost, FH Furtwangen, Vortrag „Talent Management" Learntec Karlsruhe, 15.02.06
[6] Kempkes, Potenziale erkennen und fördern, Stuttgart 10.11.05, Vortragsskript, S.16
[7] Neuhoff, Christina, Fa. Time4You, Vortrag „Strategische Personalarbeit" Learntec KA, 15.02.06
[8] O.V., High Potentials können einem Unternehmen entscheidende Impulse verleihen, www.busineswissen.de, 29.08.06
[9] Ebd., Band 17, S.110
[10] Hurrelmann, Einführung in die Sozialisationstheorie, Weinheim 1993, S. 14
[11] Meyers Grosses Taschenlexikon, Bibliografisches Institut, Mannheim, 2001, Band 18, S.25

zu verstehen. Persönlichkeitsprofilierung setzt sich aus diesen beiden Worten zusammen und ist ein Neologismus (Wortneuschöpfung). Gemeint ist damit, die persönliche Individualität als Profil nach außen hin sichtbar und somit für andere erkennbar werden zu lassen

1.2. Zielsetzung der Arbeit

Mit dieser Arbeit soll ein Beitrag dazu geleistet werden, ein praktisches Verfahren zu finden, das Persönlichkeitsprofilierung und Potenzialerkennung bei Mitarbeitern ermöglicht und im beruflichen Kontext anwendbar ist als Professional Tool (Berufliches Werkzeug). Ausgewählt wurden die internationalen Persönlichkeitsmodelle Struktogramm® und ENNEAGRAMM. Zusammen ergeben sie ein in sich geschlossenes und widerspruchsfreies, also logisches System neun verschiedener Charaktermuster. Jedem dieser Muster werden spezifische Stärken, Schwächen und Potenziale zugeordnet. In diesem Projekt geht es darum, innerhalb eines Seminartages, das persönliche Profil der eigenen Stärken, Schwächen und Potenzialen zu identifizieren um dieses dann gezielt beruflich zu nutzen und weiter zu entwickeln.

1.3. Aufbau der Arbeit

Im nachfolgenden Theoretischen Teil dieser Arbeit werden die Systeme Struktogramm® und ENNEAGRAMM in ihrer Bedeutung, Herkunft und Symbolik im Überblick stichwortartig dargestellt. Anschließend wird der Aufbau des Seminarkonzeptes zum Wissenstransfer der beiden Modelle erläutert, die praktische Seminardurchführung geschildert und die Seminarteilnehmer kommen zu Wort. Es folgen Handlungsempfehlungen die sich aus der Erfahrung der Projektdurchführung ableiten und ein Fazit mit Ausblick auf die Fortführung der Arbeit.

> *Wer einmal sich selbst gefunden,*
> *kann nichts auf dieser Welt mehr verlieren.*
> *Wer einmal den Menschen in sich begriffen,*
> *der begreift alle Menschen.*
> *[Stefan Zweig]* [12]

---

[12] Schirm, Die Biostruktur-Analyse 1, IBSA, Baar (Ch), 1997, S.3

2.1. TYPOLOGIEN

Typologie ist die Lehre vom Typus, wissenschaftliche Beschreibung und Einteilung eines Gegenstandsbereichs nach Typen. Ein Typus (grch. Gestalt, Vorbild) ist die einer Gruppe von Personen gemeinsame Grundform oder Urgestalt, auch das prägnante oder vorbildliche Muster, das Charakter oder Gestalt einer solchen Gruppe rein darstellt.[13] Das Bedürfnis, menschliches Verhalten einordnen und verstehen zu können ist so alt wie die Menschheit selbst. Stellvertretend für zahllose Typologien und Persönlichkeitsmodelle seien im Folgenden ein paar wenige, besonders prägnante genannt.

Bereits die älteste aller Wissenschaften, die **Astrologie** beschäftigt sich unter anderem mit menschlicher Typologie. Sie versucht vom Sternenhimmel außerhalb der Erde menschliche Charaktere auf der Erde anhand eines Systems von 12 Sternenbildern in verschiedenen Gruppen ein zu teilen und zu deuten.

Der griechische Arzt Hippokrates (5.Jhr. vor Christus) leitete in seiner **Temperamentenlehre** aus der Betrachtung der Körpersäfte vier verschiedene Charaktere (Melancholiker-Choleriker-Phlegmatiker-Sanguiniker) ab.

Auch das aus den 70-er Jahren von dem Amerikaner John Geier ins Leben gerufene und auf den Erkenntnissen C.G. Jungs basierende **DISG**-Modell teilt die Menschen in vier verschiedene Typen ein: **D**ominant-**I**nitiativ-**G**ewissenhaft-**S**tetig, Mit weltweit 20 Mio. Anwendern ist es eine sehr verbreitete Typologie. In der deutschen Wirtschaft wird sie beispielsweise in Sparkassen angewendet. Die Einteilung erfolgt anhand eines Fragebogens.[14]

Auch aus der psychologischen Verhaltensforschung, aber deutschen Ursprungs, sind die inzwischen international bekannten und anerkannten **Kommunikationsstile** nach Prof. Schulz von Thun aus Hamburg. Hier werden acht verschiedene Kommunikationsmuster mit den entsprechenden inneren Selbstverständnissen und Entwicklungs-

---

[13] Meyers Grosses Taschenlexikon, Mannheim 2001, Band 23, S.165
[14] Kreutle, Vorlesungsskript TQM, AKAD Lahr, 19.10.05

möglichkeiten aufgezeigt. Eine nähere Betrachtung dieses Systems erfolgt in der sich an diesen Projektbericht anschließenden Diplomarbeit.[15]

Roger Sperry erhielt den Nobelpreis für seine Entdeckung der 2 Gehirnhälften, worauf sich das **HDI-Modell** (Hermann Dominanz Instrument stützt). Die Denk- und Verhaltensweise werden in vier Kategorien unterteilt: „Einerseits die linke und die rechte Hemisphäre, andererseits der cerebrale Bereich (oben) und der limbische Bereich (unten)."[16] Daraus leiten sich die Dominanzen Rational - Experimentell - Sicherheitsbedürftig - Fühlend ab, was durch Fragebögen ertestet wird.

2.2. Struktogramm®

Der amerikanische Hirnforscher Paul MacLean unterschied in seinen Anfang der 70-er Jahre erschienen Publikationen 3 verschieden alte Gehirnbereiche des Menschen:

➢ Stammhirn (auch Reptiliengehirn o. gem. MacLean limbisches System genannt) ca. 600 Mio. Jahre alt

Das Gehirn der Selbst-Erhaltung, der Ur-Instinkte des Lebens.

➢ Zwischenhirn (auch Kleinhirn genannt), ca. 60 Mio. Jahre alt,

das Gehirn der Selbst-Behauptung, des Überlebens durch Kampf oder Flucht

➢ Großhirn, ca. 10 Mio. Jahre alt,

das Gehirn des Selbst-Bewusstseins, des planenden, vorsorgenden Handelns.[17]

Das drei-einige Gehirn

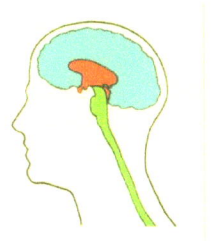

Abbildung 1

Die archaische Betrachtungsweise von drei Gehirnebenen erscheint vernünftig und ist populär[18], wird aber nicht von allen Forschern so einfach gesehen. Manche nehmen eine differenziertere Aufteilung in ein komplexeres System von Gehirnzonen vor.[19] Als wissenschaftlich gesichert gilt die oben bereits erwähnte Teilung des Großhirns in zwei Hälften, die Existenz des Kleinhirns und das limbische System.

---

[15] Vgl. Schulz von Thun, Miteinander reden 2, Reinbek 2002
[16] Vgl. Schimmel-Schloo u.a., Persönlichkeitsmodelle, Offenbach 2002, S. 136
[17] Vgl. Schirm, Die Biostruktur-Analyse 1, 20. Auflage, Baar (CH) 1997, S.8
[18] Vgl. o.V., Wunder Gehirn in: Spiegel Special, Die Entschlüsselung des Gehirns,04/2003,Hamburg S.6-11
[19] Markowitsch, Neuropsychologie in: Spektrum der Wissenschaft 03/2002, Heidelberg, S.52ff

Das Institut für Biostruktur-Analysen (IBSA) aus der Schweiz hat auf dieser Grundlage eine Persönlichkeitsmodell entwickelt, das Struktogramm®. Es wird von Folgendem ausgegangen: „In den weitaus meisten Fällen sind die drei Gehirne sowohl bei der Steuerung des Verhaltens wie bei der Aufnahme von Wahrnehmungen unterschiedlich stark engagiert…Daraus ergeben sich deutliche Unterschiede in der jeweiligen Einfluss-Stärke der drei Gehirn-Bereiche untereinander. Dieses Verhältnis der Einfluss-Stärken kennzeichnet ihre Biostruktur"[20] Jedem Hirnbereich werden spezifische Charaktereigenschaften zugeordnet, die den evolutionären Entwicklungsstufen entsprechen

Struktogramm

Mit Hilfe von 39 Fragen wird versucht die prozentuale Verteilung der Hirnbereiche zu ermitteln. Das ergibt als Bild das individuelle Struktogramm. Diese Art der Persönlichkeitsprofilierung wird sowohl von Unternehmensberatern eingesetzt als auch von Firmen selbst, wie z.B. dem Allgemeinen Wirtschaftsdienst (AWD).

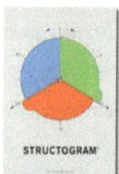

Abbildung 2

2.3. ENNEAGRAMM

2.3.1. BEDEUTUNG UND HERKUNFT

„Enneagramm (griech: ennea = neun; gramm = Buchstabe, Punkt) ist die Bezeichnung für ein grafisches Strukturmodell, in dem neun grundsätzliche Qualitäten unterschieden, geordnet und miteinander in Beziehung gesetzt werden.[21]

Die Quellengeschichte des ENNEAGRAMM ist komplex und noch nicht endgültig erforscht. „Es wurde über Jahrhunderte, vielleicht sogar Jahrtausende, mündlich tradiert. Niemand weiß heute mit Sicherheit, wo und wie es entstanden ist. Es gibt Vermutungen, dass schon die Chaldäer vor mehr als 3000 Jahren damit gearbeitet haben – vielleicht auch die Schule des griechischen Mathematikers Pythagoras…. Das Enneagramm der menschlichen Charaktermuster geht in der Form, in der es heute weitgehend gelehrt wird, zurück auf den Bolivianer Oscar Ichazo."[22], der es gemäß eige-

---

[20] Schirm, Die Biostruktur-Analyse Grundlagen, 5. Auflage, Baar (CH) 1998, S.51
[21] THG Lexikon, www.thgweb.de/lexikon/Enneagramm, 25.08.06, S.1
[22] Gallen/Neidhard, Das Enneagramm unserer Beziehungen, Reinbek 1994, S. 14

ner Angaben vor ca. 60 Jahren in einem afghanischen Sufi-Orden entdeckte, wo zeitnah auch der Russe G.I. Gurdjeff darauf stieß, der das Symbol in Europa bekannt machte.[23] Dr. Claudio Naranjo, ein chilenischer Arzt und Psychiater (Mitglied des Club of Rome) war einer seiner Schüler und entwickelte es am Esalem-Institut/Kalifornien zusammen mit seinen Schülern (u.a. Helen Palmer, heute weltweit anerkannte ENNEAGRAMM-Expertin und Autorin zahlreicher Bücher) weiter. Nach Deutschland kam die ursprünglich islamische, später christianisierte Neuner-Figur zunächst über die Exerzitienarbeit der christlichen Ordensgemeinschaft der Jesuiten. Öffentlich bekannt wurde das Modell 1989 durch das Buch „Das Enneagramm" (42. Auflage), eine Kooperation des amerikanischen Franziskaners Richard Rohr und des lutherischen deutschen Pfarrers Andreas Ebert.

2.3.2. HAUPTZENTREN UND SYMBOLIK

„Die erste Gruppierung der Typen erfolgt nach den drei Grundkomponenten der menschlichen Psyche: Instinkt, Fühlen und Denken. Gemäß der Enneagramm-Theorie stehen diese Funktionen in Beziehung zu speziellen Körperzentren, … In diesem Zusammenhang ist interessant, dass die moderne Medizin das menschliche Gehirn ebenfalls in drei Grundkomponenten unterteilt: das Stammhirn (Instinkt), das limbische System (Fühlen) und die Großhirnrinde (Denken). Einige Lehrer des Enneagramms bezeichnen die drei Zentren als Kopf, Herz und Bauch, oder als Denk-, Gefühls- und Handelszentrum. Unsere Persönlichkeit umfasst, ganz gleich welchem Typus wir angehören, alle drei Komponenten – Instinkt, Gefühl und Denken. Alle drei interagieren miteinander, und wir können nicht an einer arbeiten, ohne die anderen beiden zu beeinflussen."[24]

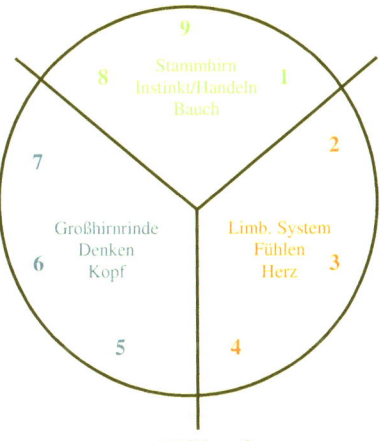

Abbildung 3:
Das Enneagramm und die drei Zentren

---

[23] Blake, Das intelligente Enneagramm, Südergellersen 1993, S. 17
[24] Riso/Hudson, Die Weisheit des Enneagramms, München 2000, S. 76f

Dies ist die einzige Textstelle in allen genannten Büchern über das Enneagramm, die auf eine Verknüpfung mit der aktuellen Gehirnforschung verweist, lediglich auf amerikanischen Websites gibt es Hinweise auf aktuellere Forschungsarbeiten[25] und wissenschaftliche Bestätigungen[26]. Das limbische System wird gemäß obigem Zitat als eigenständiger, vom Stammhirn getrennter Bereich betrachtet, was möglicherweise auf Unkenntnis der genauen Sachlage zurück zu führen ist. Davon abgesehen ist die Ähnlichkeit mit der Gehirn-Trinität des Struktogramms doch sehr augenfällig. Die Erkenntnisse könnten in unterschiedlicher Erscheinung Ausdruck der selben archaischen Urbilder und Wahrheiten sein, was eine interkulturelle Synthese dieser beiden Systeme vernünftig erscheinen lässt.

Das Modell des Enneagramm weist darüber hinaus eine weitere Verfeinerung, bestehend aus 3 Charaktermustern je Hauptzentrum, auf. Die 3 zentralen Charaktere 9-3-6 werden hierbei durch ein Dreieck miteinander verbunden. Die danebenliegenden Charaktere 1-2-4-5-7-8 liegen auf der Linienführung eines in sich verdrehten Hexagramms. Verbindet man die 9 Charaktermuster über einen Kreis miteinander, lässt sich darin die Figur eines neunzackigen Sternes erkennen.

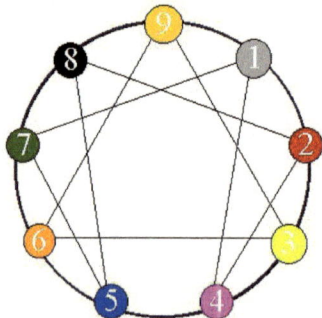

Abbildung 4:
Enneagramm-Symbol

---

[25] Schulze, Eric S. The Enneagramm and Brain Chemistry, www.enneagraminstitute.com, 2006
[26] O.V., Independent Researchers Conclude First Validation Study of the Enneagramm System, www.enneagraminstitute.com, 2005

TYP X: **DREI - CHARAKTERISTISCHE - BEZEICHNUNGEN**
(positive Entwicklungsrichtung von links nach rechts)

Kurzcharakteristik, definiert den Normalzustand des jeweiligen Typus

Pädagogik: mögliche, aber nicht zwingende Kindheitsentwicklung
zur Veranschaulichung des jeweiligen Typus

Kommunikation	Stärken	Schwächen
In der positiven Entwicklung aufsteigende Kommunikationsstile des jeweiligen Typus	In der positiven Entwicklung aufsteigenden essentiellen Charakterstärken des jeweiligen Typus, gewonnen aus den Darstellungen der zahlreichen Literatur und den Erfahrungen meiner Seminararbeit, nicht zuletzt auch dem alltäglichen Umgang mit anderen Menschen	In der negativen Tiefendimension absteigende, wesentliche Charakterschwächen des jeweiligen Typus, die überwunden und zu Stärken formiert werden wollen .
In Anlehnung an die acht Kommunikationsstile nach Prof. Friedemann Schultz von Thun, Kommunikations- wissenschaftler an der Universität Hamburg		→ Aus den größten Schwächen erwachsen die größten Stärken.
(vgl. Literaturanhang)		Versuch einer Rangfolge: das Oberflächlichste steht oben, das Tiefste steht unten

Brillant ↑ Geschliffen ↑ Roh

ZIELE: **WONACH DER MENSCH WIRKLICH STREBT**

Sabine Gramm
Projektbericht für AKAD

September 2006

TYP 1:   BESSERWISSER – LEHRER - REFORMER

Der zivilisierte Mensch: sauber, sittsam, ernst, diszipliniert, vernünftig und tugendhaft mit erhobenem Zeigefinger und Zornesfalte zwischen den Augenbrauen

Pädagogik: Vorzeigekind das sich nicht dreckig machen durfte, stattdessen still und ernst sich früh der vernünftigen Erwachsenenwelt anpasste (Folge: Überdiszipliniertheit und -kontrolliertheit)

Kommunikation	Stärken	Schwächen
erhellend	Großartiger Reformer, der die Menschheit durch konsequente Weiterentwicklung des Guten voranbringt	starre Prinzipien
lehrend		Spießigkeit
spielerisch		Sturheit
einfühlsam		Pedanterie
heiter	Ganzheitliches Denken in großen Zusammenhängen und strukturierte lösungsorientierte Umsetzung	Perfektionismus
treffsicher		Übermäßige Strenge
		Scheinheiligkeit
gelassen		Empfindlichkeit
strukturierend	sanfte, kluge, präzise Anleitung anderer	Humorlosigkeit
erklärend		Nörgelei
verständlich	Vorbildliche Moral	Kritik- und Streitsucht
deutlich	Heiterkeit, Gelassenheit	
ernsthaft	Ehrlichkeit, Fairness	Kontrollsucht
bestimmend	Eigenständigkeit	Verbissenheit
	Komplexes gut erklären	Zwanghaftigkeit
	Perfektion	Eifersucht
ungeduldig		Zorn auf alles und jeden incl. sich selbst, was nicht perfekt nach eigenen Vorstellungen funktioniert
belehrend	Selbstdisziplin	
überkritisch	Gewissenhaftigkeit	
rechthaberisch	Pünktlichkeit	
moralisierend	Ordnungssinn	
vorwurfsvoll	Durchhaltevermögen	Verbitterung
schroff	Zähigkeit	Hass

Brillant ↑ Geschliffen ↑ Roh

ZIELE: VOLLKOMMENHEIT - INTEGRITÄT - REINHEIT

Sabine Gramm
Projektbericht für AKAD   September 2006

TYP 2:   BESSERKÖNNER – HELFER - BERATER

Der helfende Mensch: erfährt sich selbst, indem er unermüdlich anderen mit Rat und Tat zur Seite steht - braucht es gebraucht zu werden - lebt auf in Beziehungen, in denen er der gebende und dominierende Teil sein kann (Co-Abhängigkeit)

Pädagogik: das erstgeborene, helfende Kind, das seinen Eltern Unterstützung in der Lebensgestaltung ist, früh Verantwortung für andere übernimmt

Kommunikation	Stärken	Schwächen
beratend sanft liebevoll tröstend auffangend	Gütiger Wohltäter der Menschheit mit kompetenter, freilassender Hilfe zur Selbsthilfe Unentbehrlicher Berater oder Manager / Sozialer Mittelpunkt einer Organisation	Überbehütung und Bevormundung anderer, Einmischung in deren Belange (Besitzergreifend und abhängig machend) Manipulation durch Schmeichelei und Intrigen legen
klug einfühlend	Bedingungslose Nächstenliebe und starke, demütige Herzenskraft (geheiligter Stolz)	Indirekte Machtausübung über Dritte (Macht ohne Verantwortung)
verständnisvoll herzlich fröhlich dominierend	Barmherzigkeit und Mitmenschlichkeit Sensibilität für die Bedürfnisse von Hilfesuchenden und unauffälliges, wirkungsvolles Einsetzen für deren Belange	Unmut bei mangelnder Aufmerksamkeit u. Bestätigung (wird bei Undank zur hysterischen Furie) Verleugnung eigener Bedürfnisse u. Schwächen, stilisiert sich gern zum Märtyrer
schmeichelnd geschwätzig heuchlerisch intrigant dominant laut beleidigt	Fürsorge Unermüdlicher, tatkräftiger Einsatz für andere Eigeninitiative Belastbarkeit Hilfsbereitschaft Altruismus	Stolz (will in der starken Position des Hilfe-geben-Könnenden bewundert werden und verbleiben, selbst keine Hilfe oder gar Kritik annehmen)

(Mittlere Achse: Brillant ↑ Geschliffen ↑ Roh)

ZIELE: FÜRSORGE - VERBUNDENHEIT - HINGABE - GÜTE

TYP 3: SCHAUSPIELER – UNTERNEHMER - GEWINNER

Der erfolgreiche Mensch: sucht soziale Anerkennung durch Besitz und Erfolg – konkurriert mit allen und muss die Nr. 1 sein – Versagen gibt es nicht

Pädagogik: das sich anstrengende Kind, das nicht einfach für sein Dasein geliebt wurde, sondern nur durch außergewöhnliche Leistungen und Erfolge in den Disziplinen, die die Familie wertschätzte, Aufmerksamkeit und Liebe bekam

Kommunikation		Stärken	Schwächen
		Charismatischer Unternehmensleiter, setzt sich in Kooperation mit anderen erfolgreich für das Wohlergehen aller ein und teilt mit ihnen	Ruheloser Aktionismus
gewinnend			Fasadenhaftigkeit und Täuschung (Mangelnde Authentizität)
begeisternd			
charismatisch	**Brillant**		Sucht nach Aufmerksamkeit und Bewunderung durch materielle Erfolge
bewegend		Gewinnende, wahrhaftige Herzenskraft und Zuwendung, die andere mit in den Erfolg führt u. daran teilhaben lässt	
authentisch			
herzlich			Imponiergehabe: spielt jeweils die Rolle, von der er annimmt, das sie gerade am besten ankommt
verbindlich			
charmant		Echte Herzlichkeit	
motivierend		Großzügigkeit im Geben von Gefühlen, Zeit, Berührung, inneren Wahrheiten und materiellen Werten	Statusdenken: Identifikation mit materiellen Werten, braucht Statussymbole
begeistert	**Geschliffen**		
überzeugend			
beweisend		Sensibilität für die Wünsche anderer	Ruinöse Konkurrenzhaltung: Verachtung für Verlierer
freundlich			
		Optimistischer Charme	
werbend		Anpassungsfähigkeit	Lügen nach der Devise: „Der Zweck heiligt die Mittel"
aufdringlich		Konkurrenzfähigkeit	
schauspielernd		Dynamik	Selbstbelügung
übertreibend		Effektivität, Tatkraft	Lebenslügen (macht in entscheidenden Bereichen des Lebens, sich und anderen etwas vor)
beschönigend	**Roh**	Erfolgsstreben, Dynamik	
unehrlich		Leistungsbereitschaft	

ZIELE: ERFOLG – WAHRHAFTIGKEIT - LIEBE

TYP 4:   ANDERSARTIGER – KREATIVER - KÜNSTLER

Der kreative Mensch: versucht auf sich aufmerksam zu machen, indem er sich nonkonformistisch gibt, vor gesellschaftlichen Grenzen nicht zurückschreckt, Tabus bricht, Erfahrungen jenseits der eigenen bekannten Welt sucht

Pädagogik: das verlassene Kind, das sich in der Familie als verlorener Außenseiter fühlt, oder gar keine Familie hat, anders ist und sein will als die anderen

Kommunikation		Stärken	Schwächen
sanft		Begnadeter Künstler, der die Welt mit seiner hingebungsvollen, un- verwechselbaren Kunst bereichert	Elitäres, arrogantes, un- angepasstes Auftreten
feinfühlig			
freudig	**Brillant**		Launisches, chaotisches Gefühlsleben (führt oft zu Abhängigkeiten und Handlungsunfähigkeit)
natürlich			
Zuhörend		Kunst, die erfüllt ist v. ursprünglichen, natürli- chen Wahrheiten	
dankbar			Egozentrische Empfind- lichkeit (fühlt sich un- verstanden)
lyrisch		Kreativität wird in Dankbarkeit und zur Freude anderer gelebt	Melancholischer Welt- schmerz: Versunkenheit in Größe und Einmalig- keit des eigenen Leidens
verständnisvoll			
ausgewogen	**Geschliffen**	Sensible Gefühlstiefe	
bildhaft		Mitgefühl u. Sensibilität für die Gefühle anderer und das Besondere in ihnen	Affinität zu Tragik und Tod: neigt zu skandalö- sem, Verhalten, erschafft sich Dramatik im Alltag
lustig			
sehnsuchtsvoll			
launenhaft		Sinnlichkeit	Depressives Selbstmit- leid und Selbstbeweih- räucherung
kapriziös, zickig		Romantik	
gekünstelt		Individualität	Eitelkeit (im Vergleich mit anderen auffallen und etwas Besonderes sein müssen)
tragisch		Kreativität	
dramatisierend	**Roh**	Gespür für Stil, Harmo- nie und Ästhetik	
lamentierend		Empfindsamkeit	Neid und Eifersucht (auf alle, die es scheinbar besser haben und besser sind)
verwirrend		Understatement	
abgehoben		Ungewöhnlichkeit	

ZIELE: INTENSITÄT - URSPRÜNGLICHES SEIN - FREUDE

TYP 5:   EINSIEDLER – SPEZIALIST - WISSENSCHAFTLER

Der introvertierte Mensch: lebt und forscht in seiner eigenen privaten Welt und reduziert den Kontakt mit der Außenwelt auf ein Mindestmaß

Pädagogik: das einsame Kind, das niemand hat, mit dem es seine Gefühle teilen kann oder das erdrückte Kind, das sich aufgrund von Überbehütung oder Übergriffen angstvoll in sich zurückzog

Kommunikation	Stärken	Schwächen
philosophisch	Genialer Wissenschaftler, der die Welt mit seinen Erfindungen weiterbringt	Vergeistigung
weise		Distanziertheit
intelligent	Weiser Philosoph, der das menschliche Dasein objektiv verständlich macht	Beobachten und analysieren das Leben lieber (auch heimlich) als es zu leben
spritzig		
objektiv		Kontaktarmut
zart	Findiger Entdecker, der durch genaues Hinschauen zu neuen Erkenntnissen kommt	Ungeselligkeit
		sozial gehemmt
höflich		Intimität und Betroffenheit vermeidend
klug	Fähigkeit, einer Sache forschend bis auf den Grund zu gehen oder bis zu Ende zu denken	Innere Leere
analysierend		Angst vor menschlicher Nähe
berichtend		
unparteiisch	Geduld	Isolation
sachlich	Unauffälligkeit	Einseitiges Spezial- u. Detailwissen
nüchtern	Unabhängigkeit	Besessenheit
verstockt	Bescheidenheit	Habsucht (intellektueller oder materieller Art
unpersönlich	Sparsamkeit	Geiz in Gefühlen, Materie und/oder Wissen (sich selber und anderen gegenüber)
abweisend	Selbstgenügsamkeit	
kalt	Beobachtungsgabe	
stumm	Präzision	

Brillant · Geschliffen · Roh

ZIELE: DURCHBLICK – ALLWISSENHEIT – WEISHEIT

Sabine Gramm
Projektbericht für AKAD

September 2006

TYP 6:   ANGSTHASE – DIENER - DIPLOMAT

Der ängstliche Mensch: braucht ein geschlossenes hierarchisches System, dem er sich unterordnen und in dem er sich verstecken kann, um sich sicher zu fühlen

Pädagogik: das verängstigte, schutzlose, Kind, das von unberechenbaren, inkompetenten Autoritäten aufgezogen wurde, von denen es erniedrigt, gedemütigt, beschämt und über die Maßen bestraft wurde. Fühlt sich als Verlierer und Versager.

Kommunikation		Stärken	Schwächen
		Behutsamer und zugleich mutiger Diplomat	Mangelndes Selbstwertgefühl
diplomatisch		Selbstbestimmter, kooperativer Teamchef, der anderen Raum für Entscheidungen lässt	Selbstzweifel (Angst vor Autoritäten und vor Erfolg)
kooperativ	**Brillant** ↑		
selbstbewusst			Argwohn (bis hin zum Verrat)
objektiv		Intelligente, sensible Wachsamkeit, 6. Sinn für drohende Gefahren und Ungereimtheiten	Zweifel und Misstrauen (werden in andere hineinprojiziert: Angst, verlassen zu werden)
ermutigend			
logisch		Intelligenz	Pessimismus
warmherzig	**Geschliffen** ↑	Loyalität, Treue	Mitläufertum (graue Maus) bis hin zur Unterwerfung aus Verantwortungslosigkeit (Schuldzuweisung)
klug		Zuverlässigkeit	
kritisch		Originelle Ideen	
vorsichtig		Skurriler Humor	
		Vorsicht	Verfolgungswahn (Paranoia, Wahnsinn)
begrenzend	**Roh** ↑	Pflichtbewusstsein	Doppelleben führend (Hinterhältigkeit)
misstrauisch		Integrationsfähigkeit	
ausweichend		Ordnung, Fleiß	Sonderfall Kontraphobie: kommt erwartetem Angriff aggressiv zuvor
aggressiv		Dienen	
ängstlich		Selbstlosigkeit	Panische Angst (vor ausgedachtem oder selbstinszeniertem drohendem Unheil)
unterwürfig			

ZIELE: SICHERHEIT - KLUGES HANDELN - REINE INTELLIGENZ

TYP 7: DILETTANT – SELBSTDARSTELLER - VISIONÄR

Der sonnige Mensch: will glücklich sein und andere glücklich machen, braucht viel äußere Abwechslung und Ablenkung von seinem inneren Schmerz

Pädagogik: das ewige Kind, das seine Kindheit innerlich verherrlicht, um sich nicht an die traumatisierenden Ereignisse erinnern zu müssen, aufgrund dessen es in eine Phantasienwelt geflüchtet ist, an der es bis ins Erwachsenenalter festhält

Kommunikation	Stärken	Schwächen
visionär	Innovativer, nüchterner Visionär mit synthetischer Kraft, der den Menschen neue Hoffnung bringt, wenn sie mutlos am Boden liegen	Oberflächlichen, leichtsinnigen Spaß haben (Adrenalinsucht)
charismatisch		Dilettantismus (nichts richtig, nichts zu Ende machen)
realistisch		
aufbauend		
wegweisend		
hoffnungsvoll	Realistisch planender und vorangehender Anführer mit strahlender Anziehungskraft	Vermeidung von Leid u. Schmerz durch Schönreden u. – denken
visualisierend		
begeisternd		Launisches Lustprinzip, wenig Festlegung durch Entscheidungen (Unentschlossenheit, Unpünktlichkeit, Unzuverlässigkeit)
charmant	Generalist, mit der Fähigkeit, Freude und Hoffnung dahin zu tragen, wo Trauer herrscht	
bildhaft		
dialogisch		
erzählend	Ideenreiche Intuition	Verschwendung von Geld, Ressourcen, inneren Kräften
aufheiternd	Nüchterner Realismus	
witzig	Kreativer Idealismus	aus Angst, etwas zu verpassen zu viele Angebote annehmend und Verführungen erliegend (Ja-Sager) → Schwierigkeit, sich selbst und anderen gegenüber Grenzen zu setzen
redselig	Lebendige Flexibilität	
	Komplexität	
schwatzhaft	Frohe Leichtigkeit	
selbstgefällig	Schnelligkeit	
monologisch	Humor	
endlos, überdreht	Improvisationstalent	Maßlosigkeit (Gier): Essen, Feiern, Arbeiten, … → mehr scheint immer besser als viel
unverbindlich	Spontaneität	
oberflächlich	Optimismus	

Brillant ↑ Geschliffen ↑ Roh

ZIELE: LEBENSFREUDE – REALISMUS - GLÜCKSELIGKEIT

TYP 8:   KAMPFHAHN - ANFÜHRER - BESCHÜTZER

Der vitale Mensch, entschlossen, stark, direkt, kompromisslos und unabhängig; braucht viel Freiraum in der Gestaltung, dem Durchsetzen und Ausleben seines Machtanspruchs, Gerechtigkeitssinn, seiner Lebensinteressen und Leidenschaften. **Pädagogik:** Das Kind aus der Gosse, wo weinerliche Schwäche Untergang und respektlose Stärke Sieg bedeutete (Folge: Unkontrollierte Kampfbereitschaft)

Kommunikation		Stärken	Schwächen
beschützend		Beschützender, furchtloser, Einsatz für Schwache, Entrechtete, Unterdrückte	Schwarz-Weiß-Denken
selbstsicher			Unüberlegte Rebellion
machtvoll	**Brillant**		
führungsstark		Gesunde und gerechte Ausübung von Macht	Unanständigkeit
anführend	↑	Scheinheiligkeit gnadenlos aufdeckend	Leugnung eigener Fehler: Schuldzuweisung an andere
unmissverständlich			Arrogante Selbstgerechtigkeit: Herabsetzung anderer
eindeutig		Führungsstärke	
offen		Gespür für Wahrheit und Gerechtigkeit	
direkt	**Geschliffen**		Respektlosigkeit (auch vor dem Tod)
anordnend		Selbstsicherheit	
klar, knapp	↑	Konfliktbereitschaft	Rücksichtslosigkeit
konfrontativ		Tatkraft	Gnadenlosigkeit
		Entscheidungsfreude	Selbstherrlichkeit
befehlend			Rache
aggressiv		Unabhängigkeit	Angst vor Spott
provokativ		Durchsetzungsvermögen	Zorn (nach außen) auf alles und jeden der sich ihm nicht unterordnet
beschuldigend		Kraft, Stärke	
respektlos		Belastbarkeit	Schamlosigkeit, Wollust, Unverschämtheit
verachtend	**Roh**	Angstfreiheit	
erniedrigend		Mut	
unverschämt			

ZIELE: STÄRKE - GERECHTIGKEIT - KOSMISCHE MACHT

Sabine Gramm
Projektbericht für AKAD   September 2006

TYP 9: NICHTSNUTZ - LEBENSKÜNSTLER - FRIEDENSTIFTER

Der unverdorbene, ursprüngliche, naive Mensch, unauffällig, selbstgenügsam, braucht nichts beweisen, erschaffen oder anderen gefallen, um zufrieden zu sein.

Pädagogik: Das natürliche Kind, das in der Kindheit keine besondere Aufmerksamkeit erhielt, eher übersehen oder ignoriert wurde und nebenbei mitlief (Folge: Gefühl nicht gebraucht zu werden und nicht wichtig zu sein)

Kommunikation	Stärken	Schwächen
Aktiv versöhnend	Engagierter Friedensstifter und Vermittler zwischen zerstrittenen Parteien	Profillosigkeit
friedvoll		Interesselosigkeit
beruhigend		Innere Unklarheit
mitfühlend	Mutiger, bedingungsloser Einsatz für d. Frieden unter allen Lebewesen (Globales Denken - Faires Handeln)	Desorientierung
gelassen *(Brillant)*		Kindliche Naivität
		Opportunismus
		Antriebsschwäche
versöhnlich	Kampfloser Widerstand	Bequemlichkeit: Unterlassungssünden
verständnisvoll	Sanftes Vermitteln unangenehmer Wahrheiten	Verweigerung: unbewegliches Aussitzen
ehrlich		
harmonisierend	Toleranz, Ehrlichkeit	
zuhörend *(Geschliffen)*	Harmonie verbreitend	Phlegmatische Sturheit
ruhig	Gerechtigkeit	Konfliktscheu: Angst vor Veränderungen und Entscheidungen
	Zufriedenheit	
monoton	Gelassenheit	
zusammenhanglos	Beharrlichkeit	Selbstherabsetzung
abschweifend	Selbstgenügsamkeit	Resignation
desinteressiert	Beständigkeit	Zorn (eingeschlafen, kaum wahrnehmbar) auf alles und jeden der seine Ruhe stört
abweisend	Bescheidenheit	
orientierungslos *(Roh)*	Innere Ruhe, Geduld	
vertrottelt	Duldsamkeit	Faulheit

ZIELE: VERSÖHNUNG - FRIEDEN - GEWAHRSEIN

Sabine Gramm
Projektbericht für AKAD

September 2006

3.1. Aufbau Seminarkonzept

Der Seminarinhalt konzentriert sich auf die Persönlichkeitsmodelle Struktogramm®
und ENNEAGRAMM. Es geht darum die eigene persönliche Identität im beruflichen
Kontext klarer zu erkennen.

Als Einstieg in das Seminar soll eine Overhead-Folie mit der Abbildung 1 „Das
dreieinige Gehirn", (vgl. S. 5) dienen. Die wissenschaftlichen Erkenntnisse des Ge-
hirnforschers Paul MacLean sollen anhand dieses Schaubildes erläutert, den Teilnehmern die Trinität des Gehirns verständlich gemacht und symbolisch als Dreieck
grafisch dargestellt werden.

Dann ist es angedacht, die Teilnehmer zu einem Brainstorming zu veranlassen, indem sie die Dreiheit als Prinzip in ihren persönlichen Erfahrungs- und Wissensberei-
chen (Naturwissenschaften, alltägliche Lebensbereiche, Religionen…) vielfach wieder erkennen und nennen.

Das Balance-Modell (drei zusammen ergibt eins) soll als universale Gesetzmäßigkeit
von allen erkannt, anerkannt und dann in den je drei Aspekten der Disziplinen wieder
zurück übertragen werden auf die Symbolik des Dreiecks, das beide Persönlichkeitsmodelle repräsentiert. Die Begriffe „Bauch-, Herz- und Kopfzentrum" werden
eingeführt und ab dann als allgemeine Sprachregelung für die drei Zentren festgelegt
und verwendet. Über einen Kreis, der grafisch das Dreieck umrundet und alle drei
Zentren zu einer Ganzheit miteinander verbindet, wird der Enneagramm-Symbolik
ein weiteres wesentliches Element zur Komplettierung hinzu gefügt.

Abbildung 5: Enneagramm-Teilsymbolik der Zentren

Als nächstes wird den Teilnehmern erklärt, dass den drei Gehirnteilen (Stamm-, Zwi-
schen- und Großhirn) verschiedene Bewusstseinszustände, gemäß Bauch-, Herz-
und Kopfzentrum entsprechen. Es werden die Aspekte Instinkt, Gefühl und Verstand
genannt und als zentrale Begriffe eingeführt. Anschließend wird ausführlich auf die
verschiedenen Eigenschaften der drei Hauptzentren von ENNEAGRAMM und Struk-
togramm® eingegangen. Dann folgt eine Zusammenfassung der Autoren, die sich
mit diesen Zentren befasst haben: Rolf W. Schirm, Don Richard Riso und Russ Hud-
son, Eli Jaxon-Bear, Richard Rohr und Andreas Ebert (vgl. Literaturanhang). Es
werden die zugehörigen Sinne[27], physischen und psychischen Bewegungsrichtungen
im Umgang mit anderen Menschen[28], die zentralen seelischen Schattenthemen[29], zu
bewältigenden Herausforderungen[30], herausragenden Stärken, Lebensthemen, -ziele
und –Sehnsüchte für jeden dieser Hauptbereiche erläutert.[31]

Es wird die Hypothese aufgestellt, dass jeder Mensch zu einem seiner Gehirnteile
eine breitere Datenautobahn besitzt, eine stärker ausgeprägte synaptische Verbindung
pflegt, ein ausgeprägteres Urvertrauen besteht als zu den anderen beiden (Gehirnteilen). Das hat zur Folge, dass im Zweifelsfall eher gemäß dem eigenen Instinkt (aus
dem Bauch heraus), dem eigenen Gefühl (aus dem Herzen) oder dem eigenen
Verstand (mit dem Kopf) entschieden wird. Das teilt menschliches Verhalten in drei
voneinander sehr unterschiedliche Gruppen ein (Bauch-, Herz- und Kopftypen)[32].

An den Spitzen der Dreiecke liegen die zentralen Charaktere dieser Bereiche, dargestellt als neutrale Nummerierungen: 9 – 3 – 6. Jetzt wird eine weitere Verfeinerung
vorgenommen, indem auch die jeweils links und rechts daneben liegenden Charaktere mit in die Betrachtung einbezogen werden: 8 und 1, 2 und 4, 5 und 7. Jedes
Hauptzentrum wird also in je drei unterschiedliche Charaktermuster aufgeteilt, die
jeweils andere Bewältigungsstile im Umgang mit den erwähnten zentralen Lebensthemen entwickelt haben. Das ergibt insgesamt neun Charaktermuster. Somit wurde

---

[27] Rohr/Ebert, Das Enneagramm, München 2002, S. 41f
[28] Jaxon-Bear, Das spirituelle Enneagramm, München 2003, S. 64
[29] Riso/Hudson, Die Weisheit des Enneagramms, München 2000, S. 78
[30] Rohr/Ebert, Das Enneagramm, München 2002, S. 39
[31] Vgl. Anhang I, Seminarskript, S. 3f
[32] Rohr/Ebert, Das Enneagramm, München 2002, S. 40

der Kreis der neun Charaktere in einem ersten Durchgang systematisch von den indi-
viduell unterschiedlich stark ausgeprägten synaptischen Verbindungen zu den einzelnen Gehirnteilen bis hin zu den einzelnen Charaktermustern, die sich daraus ableiten, erklärt. Jetzt geht es darum, das Symbol selbst mit der Nummernaufteilung, die
Bedeutung des Namens und die Herkunft des ENNEAGRAMMs (vgl. S. 7f dieses Projektberichtes) zu erläutern.

Im nächsten Durchgang werden alle neun Charaktermuster in der Reihenfolge der
Nummernfolge einzeln und ausführlich besprochen. Als Einstieg hierzu dient jeweils
eine Geschichte, ein Rollenspiel, ein Dialog oder ein Sketch von Paul Watzlawick
Schulz von Thun u.a. Die Darstellungen werden alle mit entsprechenden Theaterre-
quisiten (Brille, Küchenschürze, Fotos, Blume, Lupe, Wandbild, Nagel, Hammer,
Handwerkerkittel, Pauke, Beil, Sonnenhut) vorgeführt, teilweise unter Miteinbezie-
hung von Seminarteilnehmern, damit durch das spielerische Element mehr Leichtig-
keit in die Thematik und den gruppendynamischen Prozess einfließt, das Wissen mit
allen Sinnen aufgenommen werden kann. Jedem einzelnen Charaktermuster wird
etwa eine halbe Stunde gewidmet, um ihn in seinen Schwächen und Stärken, Potenzialen und Risiken, Kommunikationsstilen und Umgangsformen zu erkennen. Hilfreich ist hierbei das eigens für dieses Seminar erstellte Skript, in dem alle Charaktere
in stichwortartigen Schemata auf je einer DinA4-Seite kurz und übersichtlich dargestellt werden[33]. Es ist das „Destillat" der von der Autorin zu diesem Thema gelese-
nen Literatur. Mit dabei sind auch die jeweiligen Kommunikationsstile, angelehnt an
die Erkenntnisse nach Prof. Schulz von Thun.[34] Die Verknüpfung zu diesem deutschen Persönlichkeitsmodell wird Gegenstand der folgenden Diplomarbeit und soll
deshalb hier nicht näher betrachtet werden.

Abschließend wird zum Ende des Seminartages kurz auf die Bedeutung der beiden
neben dem eigenen Typus liegenden Charaktermuster links und rechts im Kreis (genannt „Flügel") sowie diejenigen, die über Linien miteinander verbunden sind (In-
tegrations- und Regressionspunkte) eingegangen, als Ausblick auf die später mögli-

---

[33] Vgl. S. 12ff dieses Projektberichtes und den Anhang I (Komplette Seminarunterlagen)
[34] Schulz von Thun, Miteinander Reden 2, Reinbek bei Hamburg 1999

che Wissensvertiefung durch einen Aufbaukurs. Ziel dieses Seminartages ist es, dass bis zum Ende jeder Teilnehmer und jede Teilnehmerin seine/ihre eigene Verankerung in einem der neun Charaktermuster gefunden hat.

3.2. DURCHFÜHRUNG

Das Seminar wurde an einem Samstag von 09.00 Uhr bis 17.00 Uhr im Besprechungsraum einer Ettlinger Bürogemeinschaft, bestehend aus einer Finanzmakler GmbH und einer Event-Agentur von der Autorin dieses Berichtes als Seminarleiterin durchgeführt. Die Gruppe setzte sich aus folgenden Personen zusammen:

1) eine 49-jährige Vertriebsassistentin (1)

2) ein 45-jähriger Werkstattleiter (6)

3) eine 40-jährige Physiotherapeutin (1)

4) ein 25-jähriger Geschäftsführer (7)

5) eine 25-jährige Krankenschwester (2)

6) eine 24-jährige kfm. Auszubildende (9)

7) eine 21-jährige Studentin (1)

8) eine 21-jährige Erzieherin (2)

9) eine 15-jährige Gymnasiastin (2)

Alle saßen gemeinsam an einem ovalen Konferenztisch und bekamen ein Skript ausgeteilt (vgl. Anhang II). Es gab insgesamt drei Pausen (Frühstück – Mittag – Kaffee) von zusammen 2 Stunden, in denen Verpflegung (teilweise durch Catering) gereicht wurde. Als Medien standen zur Verfügung: ein Flip-Chart und ein Overhead-Projektor, was beides genutzt wurde. Nach der Vorstellungsrunde war eine herzliche und arbeitsintensive Stimmung entstanden, die den gesamten Tag anhielt, alle machten sich ausgiebig Notizen. Die Teilnehmer und Teilnehmerinnen (ab hier zum einfacheren Lesen ausschließlich in der maskulinen Form genannt), nahmen ausnahmslos rege teil, stellten viele Fragen und brachten sich mit ihren persönlichen Erfahrungen ein.

Am Ende des Seminartages hatten alle ihr persönliches Charaktermuster gefunden bis auf eine Person, die noch zwischen zwei Alternativen schwankte und es dann am darauf folgenden Tag wusste. Bei einer Person stellte sich nach wenigen Wochen bei einem erneuten Gespräch mit der Seminarleiterin eine Fehlfestlegung heraus, die dann korrigiert werden konnte. Hinter den aufgelisteten Personen befinden sich in Klammern die letztendlich identifizierten Charaktermuster.

3.3. FEEDBACK DER TEILNEHMER

Nach dem Seminar wurden ein Fragebögen ausgeteilt (vgl. Anhang III) zur Selbstreflexion und Bewertung des Enneagramm als Instrument privater und beruflicher Persönlichkeitsprofilierung. Von insgesamt neun ausgeteilten Bögen kamen sieben ausgefüllt zurück, was einer Rücklaufquote von 78% entspricht.

Zunächst ein paar Aussagen:

„Mit der Basis, dass es jemand gut beherrscht, gut verwendbar in der Personalabteilung."

"Viele Fragen und Probleme, die ich mir im beruflichen als auch privaten Alltag gestellt habe, wurden mir durch Erlernen und Anwenden mit Hilfe des Enneagramms beantwortet."

„Das Enneagramm ist ein Lebensprogramm, wenn man Selbsterkenntnissucht und sie vertragen kann."

Interessant ist auch Punkt 5 des Fragebogens: Enneagramm-Bewertung[35]

Meiner Meinung eignet sich das Enneagramm als Instrument

A) *zur* **generellen Bewusstseinsschärfung** *in Stärken, Schwächen und Potentialen*

Anzahl d. Kreuze	0 \ *gar nicht*	1 \ *etwas*	3 \ *gut*	3 \ *sehr gut*
in Prozent	0 %	14 %	43 %	43 %

B) *und speziell* **im beruflichen Alltag** *zur Selbstanalyse und Weiterentwicklung*

Anzahl d. Kreuze	0 \ *gar nicht*	2 \ *etwas*	2 \ *gut*	3 \ *sehr gut*
in Prozent	0 %	28,5 %	28,5 %	43 %

---

[35] Anhang II, Fragebogen zum Projektbericht, S. 5

3.4. HANDLUNGSEMPFEHLUNGEN

Die Rahmenbedingungen (Ort, Zeitraum, Sitzplatzgestaltung, Pausenregelung, Verpflegung) waren für den Inhalt passend gewählt und wurden von allen Teilnehmern gut angenommen. Die Gruppengröße von neun Personen war optimal, um den gruppendynamischen Prozess in Gang zu bringen. Eine Anzahl von mindestens vier und maximal zwölf Teilnehmern scheint der Thematik gemäß dieser Erfahrung angemessen zu sein.

Die bunte Zusammensetzung der Gruppe bezüglich Altersstruktur, Ausbildungsgrad und Beruf erwies sich als Vorteil wegen der grundsätzlichen Herausforderung von Persönlichkeitsmodellen, in ganz andere „Denk-, Seh- und Fühlmuster"[36] einzutauchen. Bezüglich der Mediengestaltung liegt der Schwerpunkt beim Flip-Chart, um der gemeinsamen lebendigen Erarbeitung des Wissensgebietes genügend Raum geben zu können. Alternativ sind auch Tafel oder Whiteboard denkbar. Das Teilnehmerskript entwickelte sich zum wesentlichen Handwerkszeug und Nachschlagewerk beim persönlichen Erarbeiten der einzelnen Charaktermuster und kann somit in der Form beibehalten werden. Die Unterlagen wurden außerdem dazu genutzt persönliche Skizzen während des Seminars direkt in ein vorgegebenes System passend einzutragen.

Die Verknüpfung er beiden Modelle Struktogramm® (incl. Gehirnforschung) und ENNEAGRAMM sowie die kommunikationswissenschaftlich gestaltete Darstellung erwies sich als nützlich zum ganzheitlichen Erfassen der neun archaischen Urbilder. Der rote Faden zum Verständnis der komplexen Typologie verlief nahtlos durch beide Systeme hindurch, ohne dass der Übergang direkt wahrgenommen werden konnte. Vielmehr erschien es wie ein Ganzes ohne Bruch. Die Profile der einzelnen Charaktere konnten Schritt für Schritt mehr freigelegt werden, sodass sich am Ende des Tages acht von neun Teilnehmern (89 %) wieder erkannt hatten. Am darauf folgenden Tag waren es dann 100% und das Seminarziel damit zunächst einmal erreicht.

---

[36] Goldberg, Die Persönlichkeitszahl im Beruf, Droemersche Verlagsanstalt München 1998, S. 394

Die Fehleinschätzung bei einer Person entstand durch Beeinflussung der Seminarleiterin, die zu diesem Zeitpunkt nicht wusste, dass die Teilnehmerin 50% „philippinisches Blut" in sich trägt. Daraus leiten sich zwei weitere Handlungsempfehlungen ab: 1. kollektive Einflussgrößen sind auch auf der individuellen Ebene nicht zu unterschätzen und müssen immer mit abgefragt und berücksichtigt werden, 2. die Seminarleitung sollte keines Falls direkt oder verfrüht in den Selbsterkenntnisprozess der Teilnehmer eingreifen, eher als „Geburtshelfer/in" denn als „Prophet/in" agieren.

Gemäß der Bewertung anhand des Fragebogens, schätzen 86 % das Modell als geeignet für die private und 71,5 % für die berufliche Selbstanalyse. Das ist eine gute Quote, die sich mit wachsender Seminarerfahrung und entsprechender Optimierung in der Gestaltung noch steigern lassen dürfte. Hierfür sollten aussagekräftigere Fragebögen erarbeitet werden, die über einen längeren Zeitraum, direkt im Anschluss an die Seminare ausgeteilt und wieder eingesammelt werden.

Genauso wie es richtig und sinnvoll ist, ganz in die archaischen Grundmuster menschlichen Verhaltens einzutauchen und sich und andere darin wieder zu finden, ist es auch wichtig wieder aufzutauchen in das Bewusstsein, dass es keine ENNEAGRAMM-TYPEN gibt, sondern nur Menschen mit spezifischen Verhaltensmustern, Denk- und Empfindungsweisen. Sich einzulassen auf diese anderen Wahrnehmungswelten hinterlässt eine Spur von Achtsamkeit, Mitgefühl, Wertschätzung, Respekt und Toleranz sich selbst und anderen und anderen gegenüber.

Jeder findet seinen Schwerpunkt in einem der Charaktermuster und hat doch Zugang zu allen anderen. Es geht nicht darum, an den Mustern fest zu halten, sondern sie zu überwinden, denn schließlich sind „die Typen lediglich Sprungbretter zu höheren menschlichen Fähigkeiten"[37].

4. FAZIT UND AUSBLICK

Die Auswahl und Förderung geeigneter Mitarbeiter ist eine der wichtigsten, weil folgenreichsten und zugleich schwierigsten Managementaufgaben. Menschen und

---

[37] Palmer, Das Enneagramm, Droemersche Verlagsanstalt München 2000, S. 29

Organisationen müssen zueinander passen, damit Visionen entstehen und verwirklicht werden können. So, wie Unternehmen nachhaltig erfolgreich nur aus der Stabilität einer ganzheitlichen Balance heraus handeln können, ist es auch bei jedem einzelnen Menschen. Integrale Unternehmensentwicklung[38] erfordert integrale Persönlichkeitsentwicklung.

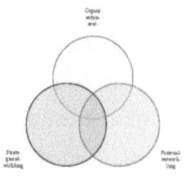

Und hierfür ist es notwendig, erst einmal eine Ist-Analyse, eine Art Bestandaufnahme zu machen im Sinne einer Persönlichkeitsprofilierung. Mit dem hier vorgestellten praktischen Verfahren, ist es mit qualifizierter Leitung innerhalb eines Tages möglich, eine grundsätzliche Ausrichtung der Persönlichkeit incl. vorhandener Potenziale zu erkennen. Die Potenzialerkennung könnte auch mittels eines Tests durchzuführt werden, allerdings liegt die Validität selbst bei einem der besten ENNEAGRAMM-Tests, dem RHETI (Riso-Hudson Enneagramm-Type Indicator) gemäß eigener Aussage nur bei 80%[39]. Die Philosophie ist vielschichtig und geht weit über ein Persönlichkeitsmodell hinaus. Sie wurde nicht ohne Grund über die Jahrhunderte ausschließlich mündlich weitergegeben. "Meiner Ansicht nach ist die mündliche Lehrtradition jeder anderen Weise der Vermittlung des ENNEAGRAMMS überlegen."[40] In der weiteren Tiefe erfährt die Neuner-Einteilung systematische Differenzierungen bis hin zu einer Einteilung in 6,5 Millionen unterschiedliche Charaktermuster, was beinahe der Individualität des einzelnen Menschen nahe kommt.

Dieses wertvolle Instrument weiter auszuloten und beruflich zu nutzen wird Bestandteil der sich thematisch anschließenden Diplomarbeit werden. Denn die eigentliche Arbeit im Sinne von Talentförderung und Persönlichkeitsentwicklung kann erst nach diesem ersten Seminartag beginnen. Die Verknüpfung eines traditionellen Systems der Werte und ethischen Prinzipien mit modernen kommunikationswissenschaftlichen Methoden und wirtschaftswissenschaftlichem Wissen weist auf einen ganzheitlichen Weg erfolgreicher Unternehmens- und Menschenführung hin.

---

[38] Vgl. Kempkes, Potenziale erkennen und fördern, Skizzen zum Vortrag, AKAD Stuttgart, 10.11.05
[39] Riso/Hudson, die Weisheit des Enneagramms, München 2000, S. 24
[40] Palmer, Das Enneagramm in Liebe und Arbeit, München, 2000, S. 19

LITERATURVERZEICHNIS

Almaas A.H.	Facetten der Einheit J. Kamphausen Verlag & Distribution GmbH, Zwickau 2004
Blake, Anthony G.E.	Das intelligente Enneagramm Verlag Bruno Martin, Südergellersen 1993
Gallen, Maria-Anne Neidhard, Hans	Das Enneagramm unserer Beziehungen 9. Auflage, Rowohlt Taschenbuch Verlag, Reinbek bei Hamburg 1994
Gillies, Konstantin	Wissensträger identifizieren. In: ManagerSeminare, Bonn, Heft 69, September 2003, S.78-84
Goldberg, Michael	Die Persönlichkeitszahl im Beruf Droemersche Verlagsanstalt, München 1998
Hilb, Martin	Integriertes Personalmanagement Hermann Luchterhand Verlag, Neuwied 2002
Hurrelmann, Klaus	Einführung in die Sozialisationstheorie, Weinheim, 1993
Jaxon-Bear, Eli	Das spirituelle Enneagramm – Neun Pfade der Befreiung Wilhelm Goldmann Verlag, München 2003
Kirschke, Waltraud	Enneagramms Tierleben – 2 x 9 Fabeln Claudius Verlag, München 1993
Kirsten, Bernd und Dahmen Beate	Ich durchschaue Dich Bernd Raffler Verlag, Lippstadt 2004
Küstenmacher, Marion	Das Enneagramm der Weisheit – Spirituelle Schätze aus drei Jahrtausenden Claudius Verlag, München 1996
Küstenmacher, Marion und Werner	Das Enneagramm-Spiel – Auf fröhliche Weise sich und andere verstehen Claudius Verlag, München
Küstenmacher, Werner / Seiwert, Lothar	Simplify your life – Einfacher und glücklicher leben 6. Auflage, Campus Verlag, Frankfurt/Main 2002
Mächler, Christoph	Change Management mit dem Enneagramm Heyne Verlag, München 1998
Markowitsch, Hans J.	Neuropsychologie des menschlichen Gedächtnisses. In: Spektrum der Wissenschaft, 03/2002, S.52-61
Naranjo, Claudio	Das Enneagramm der Gesellschaft, Verlag Via Nova, Petersberg 1998
Naranjo, Claudio	Wandlung durch Einsicht Verlag Via Nova, Petersburg 1999

O.V.	Kosmos im Kopf. In: Spiegel Special: Die Entschlüsselung des Gehirns, 04/2003, S. 6-13
Palmer, Helen / Brown Paul B.	Das Enneagramm im Beruf Droemersche Verlagsanstalt Th.Knaur Nachf., München 2000
Palmer, Helen	Das Enneagramm – Sich selbst und andere besser verstehen Droemersche Verlagsanstalt Th.Knaur Nachf., München 1991
Palmer, Helen	Das Enneagramm in Liebe und Arbeit Droemersche Verlagsanstalt Th.Knaur Nachf., München 2000
Rosenstiel, Lutz von / Regnet, Erika / Domsch, Michel (Hrsg.)	Führung von Mitarbeitern, Schäffer-Poeschel Verlag, Stuttgart 2003
Riso, Don Richard/ Hudson, Russ	Die Weisheit des Enneagramms Wilhelm Goldmann Verlag, München 2000
Rohr, Richard / Ebert, Andreas	Das Enneagramm – Die 9 Gesichter der Seele 42. Auflage, Claudius Verlag, München 2002
Schimmel-Schloo, Martina / Seiwert, Lothar J. / Wagner, Hardy (Hrsg.).	Persönlichkeitsmodelle – die wichtigste Modelle für Coaches, Trainer und Personalentwickler, GABAL Verlag, Offenbach 2002
Schirm, Rolf W.	Die Biostruktur-Analyse 1 – Schlüssel zur Selbsterkenntnis 20. Auflage in völliger Neubearbeitung, IBSA Institut, Baar (CH) 1997
Schulz von Thun, Friedemann	Miteinander Reden 1 – Störungen und Klärungen Rowolth Taschenbuch Verlag, Reinbek bei Hamburg 1999
Schulz von Thun, Friedemann	Miteinander Reden 2 – Stile, Werte und Persönlichkeitsentwicklung Rowolth Taschenbuch Verlag, Reinbek bei Hamburg 1999
Vollmar, Klausbernd	Das Enneagramm – Praktische Lebensbewältigung mit Gurdjeffs Typenlehre Goldmann Verlag, München 1995
Wolinsky, Stephen	Jenseits des Enneagramms – Der Weg des Menschen in der Quantenpsychologie Alf Lüchow Verlag, Freiburg i.Br. 1998
Watzlawick, Paul	Anleitung zum Unglücklichsein, 19. Auflage, Piper Verlag, München, 1999

INTERNETRECHERCHEN

Kruppa, Reinhold	Talent Management – Talente definieren, erkennen und in Leistung umsetzen. In: Akademie des Deutschen Buchhandels www.buchakademie.de/sem/sem.php3?id=646 Abrufdatum: 23.08.2006, Ausdruckdatum:23.08.2006
o.V.	Independent Researchers Conclude First Validation Study of the Enneagramm System, 01.08.2005 www.enneagraminstitute.com/articles/SHLrelease_full.asp Abrufdatum: 30.08.06, Ausdruckdatum: 30.08.06
Schulze, Eric S.	The Enneagramm and Brain Chemistry www.enneagraminstitute.com/articles/NArtTina.asp Abrufdatum: 25.08.06, Ausdruckdatum 25.08.06
THG Lexikon	www.thgweb.de/lexikon/Enneagramm, Abrufdatum, 25.08.06 Ausdruckdatum 25.08.06

SONSTIGE QUELLEN

Gläsener-Cipollone, Frau, Fa. Accenture,	Skizzen zum Vortrag „Aging Workforce" Learntec Karlsruhe, 15.02.06
Kempkes, Hans Peter	Potenziale erkennen und fördern, Skizzen zum Vortrag, AKAD Stuttgart, 10.11.05
Kreutle, Ulrich	Vorlesungsskript TQM, AKAD Lahr, 19.10.05
Meyers Grosses Taschenlexikon	8. Auflage, Mannheim 2001, 23 Bände
Neuhoff, Christina, Fa. Time4You	Skizzen zum Vortrag „Strategische Personalarbeit" Learntec KA, 15.02.06
Streeb, AWD	Skizzen zum Seminar „Struktogramm", Berlin, 1998
Trost, Herr Dr., FH Furtwangen	Skizzen zum Vortrag „Talent Management" Learntec Karlsruhe, 15.02.06
Schirm, Rolf W.	Die Biostruktur-Analyse 1, Seminarunterlagen, Berlin 1998 20. Auflage, Baar (CH) 1997
Schirm, Rolf W.	Die Biostruktur-Analyse Grundlagen, Seminarunterlagen, Berlin 1998, 5. Auflage, Baar (CH) 1998

Projekt: Menschenkenntnis

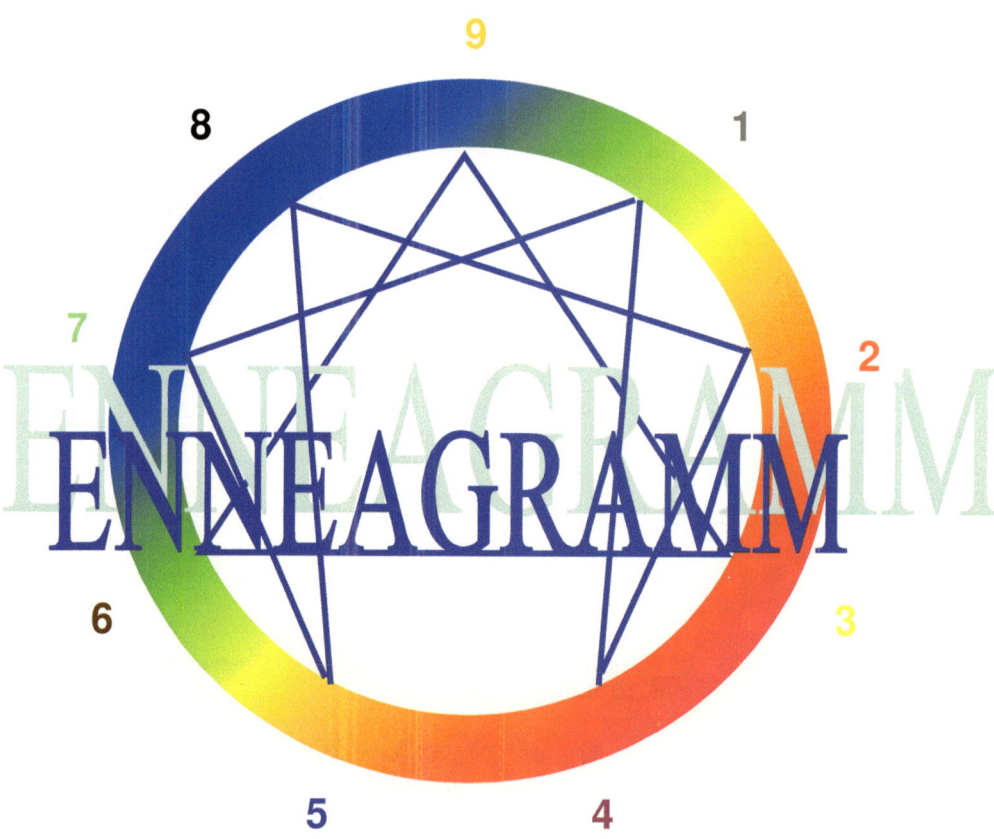

ENNEAGRAMM

PERSÖNLICHKEITSPROFILIERUNG

Wer einmal sich selbst gefunden,

kann nichts auf dieser Welt mehr verlieren.

Und wer einmal den Menschen in sich begriffen,

der begreift alle Menschen.

[Stefan Zweig]

SABINE GRAMM

RHETORIK–KOMMUNIKATIONSTRAINING–KONFLIKTMANAGEMENT–PERSÖNLICHKEITSENTWICKLUNG

programm

INHALTSVERZEICHNIS

NUTZEN UND GRENZEN EINER TYPOLOGIE

Typologien herkömmlicher Art weisen gewöhnlich die Tendenz auf, **krankhaftes Verhalten zu katalogisieren**, Menschen auf ein bestimmtes Verhaltensmuster festzulegen, sie sozusagen in eine Schublade zu stecken, um anschließend zur Tagesordnung überzugehen.

Die ausgereifte Weisheit des ENNEAGRAMMS hingegen beschäftigt sich vielmehr mit dem **Potential** und den **Entwicklungsmöglichkeiten** der einzelnen Typen in **archaischer, prägnanter Einfachheit,** damit alle **ihr Bestes zur Blüte bringen** können, um **aus ihrer Schublade heraus zu kommen** und über sich selbst und das Enneagramm hinauszuwachsen.

Bedingt durch die **anspruchsvolle Logik** und **anschauliche Kompaktheit** des Sterns, der alle 9 Typen miteinander verbindet und in Beziehung zueinander setzt, entsteht eine freie und **dynamische Bewegung innerhalb des Systems.**

Ausgehend von dem Typ der ich bin, erkenne ich, **wer ich sein darf** und **wer ich nicht sein muss,** das verschafft mir Frieden. Ich lerne meine **Stärken wertschätzen** und einzusetzen und verstehe, dass ich nur durch die Integration der Eigenschaften der beiden links und rechts von mir liegenden Typen und derjenigen, die durch direkte Linien mit mir verbunden sind**, meinen eigenen Typ schleifen kann** wie einen rohen Edelstein, bis er zu einem Brillianten geworden ist. Dabei bin ich frei in Zeitpunkt und Reihenfolge der zu integrierenden Werte.

Das ENNEAGRAMM in seiner **vernünftigen und bezwingenden Einfachheit** kann mir wie eine **Landkarte** dabei helfen, **meinen persönlichen und komplexen Pfad zu finden,** der mich als **individueller und einmaliger Teil des Ganzen** zu erkennen gibt; gehen kann ich ihn dann allerdings nur alleine.

Das ENNEAGRAMM ist ein möglicher Weg, eine **funktionierende und liebevolle Beziehung zu mir selber und meiner Umwelt** aufzubauen, jedoch keineswegs der einzige.

Allerdings durfte ich durch die Begegnung mit diesem System in den letzten 6 Jahren so großartige Entwicklungsschübe in meinem Leben erfahren, dass ich mich aus Dankbarkeit dazu verpflichtet fühle, es auch Ihnen nicht länger vorzuenthalten.

Sabine Gramm   Ettlingen im Juni 2005

DAS ENNEAGRAMM

BEDEUTUNG
Griech: ennea = neun,   gramm = Punkt

HERKUNFT
Die Quellengeschichte des ENNEAGRAMMS ist komplex und noch nicht endgültig erforscht

- Eine über 2500 Jahre lang in verschiedene Kulturen und Glaubensgemeinschaften im Verborgenen geschliffene Weisheit, wahrscheinlich in **Babylon** entstanden

- Spätestens bei **Pythagoras**, griech. Universalgelehrter, Mathematiker und Priester (570-500 v.Chr.) und **Plato**, griech. Philosoph (427-348 v.Chr.) schon bekannt

- Von dem italienischen Dichter **Dante** 1265-1321 in seiner Göttlichen Komödie (Höllenkreise – Läuterungsberge) verarbeitet

- George Ivanovitch **Gurdjeff** (1866-1949), ein russischer Mystiker stellte Begriff und Symbol in Europa vor. Er konzentrierte sich bei seinen Seminaren mehr auf das Erfahren des ENNEAGRAMMS und die Bedeutung für die Reihenfolge der Abläufe von Ereignissen in der Welt

- Die heute bekannte Form des ENNEAGRAMM, insbesondere die ausgereifte Persönlichkeitstyologie, geht zurück auf den bolivianischen Psychologen **Oscar Ichazo,** (geb. 1931), der es gemäß eigener Behauptung bei Sufi-Meistern in Pamir/Afghanistan kennen gelernt hat (wo es vermutlich auch Gurdjeff lernte). Er lehrte in den 50-er und 60-er Jahren in La Paz/Bolivien und Arica/Chile bevor er **1971 in die USA** kam.

- **Dr. Claudio Naranjo**, ein chilenischer Arzt Psychiater (Mitglied des Club of Rome) war einer seiner Schüler und entwickelte es am Esalem-Institut/Kalifornien zusammen mit seinen Schülern (u.a. Helen Palmer) weiter

- Im christlichen Traditionsstrang wurde das ENNEAGRAMM nach intensiver Prüfung als Instrument der Seelsorge und geistlichen Begleitung im **Jesuitenorden** bereits Mitte der Siebziger Jahre weltweit verbreitet. 1984 erschien das erste christliche ENNEAGRAMM-Buch in den USA, 1989 das erste in Deutschland von dem lutherischen Pfarrer **Andreas Ebert**, der es 1985 bei einer seiner USA-Reisen von dem amerikanischen Franziskaner **Richard Rohr** gelernt hat

- Seit 1971 wird das Enneagramm wissenschaftlich an verschiedenen psychologischen Fakultäten untersucht. Federführend dabei ist u.a. der Fachbereich für Psychiatrie und Verhaltensforschung an der **Stanford School of Medicine**, Kalifornien.

- Mediziner, Psychologen, Kultur-, Sozial- und Religionspädagogen, Theologen, Religionswissenschaftler und Philosophen, **Unternehmensberater, Personaltrainer** und **Führungskräfte** in vielen Ländern, u. a. auch in Deutschland forschen und arbeiten interdisziplinär mit dem ENNEAGRAMM

SYMBOLIK DER GEOMETRIE DES ENNEAGRAMMS

Kreis: Ganzheit, Vollkommenheit, Unendlichkeit, Harmonie

Drei(eck): Trinität /Dreieinigkeit /Kommunikation/ Gemeinschaft

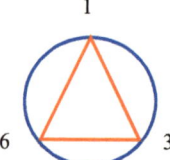

Psychologie:	Körper	Seele	Geist
Chemie:	fest	flüssig	gasförmig
Physik:	Elektron	Positron	Neutron
Soziologie:	Vater	Mutter	Kind
Katholizismus:	Vater	Sohn	Heiliger Geist
Hinduismus:	Brahma	Vishnu	Shiva

Sieben: **Abfolge** der Stufen, in denen ein Ereignis sich in der materiellen Welt abspielt: Strategie – Durchstehvermögen – Überwindung – Überlegenheit – Souveränität – Verzeihen - Sieg

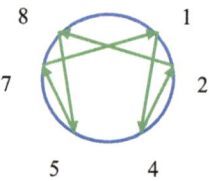

ergibt sich als periodische Sequenz, wenn eine beliebige ganze Zahl durch 7 dividiert wird
Bsp. 1 : 7 = 0,**142857**142857142…
(In sich verschlungenes Hexagramm mit Anfangs- und Endpunkt)

Neun: Punkte auf dem Kreis: Anzahl der Seinszustände / Menschheitstypen Numerologische Zahl für Weisheit und göttliche Fügung

I. DREI ENNEAGRAMMZENTREN

Jeder Mensch hat zu einem seiner 3 Gehirne ein größeres Urvertrauen.

1. STAMMHIRN: BAUCHZENTRUM: TYPEN 8 – 9 – 1

- Phase der Reptilien - Kernhirn
- Gehirn der **Selbsterhaltung**, Arterhaltung: Überleben auf diesem Planeten
- Sicherung **primärer Bedürfnisse** (Nahrung, Schlaf, Schutz, Sexualität)
- Sitz der Lebensenergie und Urinstinkte des Lebens
- Ausgeprägtes Bewusstsein für Gerechtigkeit und Wahrhaftigkeit
- Fällt Entscheidungen „**aus dem Bauch heraus**", die eine ganz besondere Gewissheit in sich tragen
- **Liebe zur Schöpfung**: findet Ausdruck im **Bewahren**
- Besonders ausgeprägte Sinne: **Hören und Riechen**
- Bewegungsrichtung im Umgang mit anderen: **Keine Bewegung,**
- **Feindselige** Typen, bleiben bei sich selber (Starre, Zwanghaftigkeit)
- Zentrales Thema: **ZORN**

Im Kampf mit der Realität

Vergangenheitsorientiert

Erlangung von Autonomie

8	9	1
Zorn nach außen	Zorn eingeschlafen	Zorn nach innen
Ausleben ohne Hemmungen	Verweigerung	Recht haben
Stärke und Direktheit	Geduld und Zufriedenheit	Unbedingtheit und Treffsicherheit
Furchtloser Kämpfer für Unterdrückte und Entrechtete	Beharrlicher Friedensstifter Zwischen Zerstrittenen Parteien	Kompromissloser Reformer Bestehender Zustände
Gerechtigkeit wiederherstellen	Frieden bewahren	Welt verbessern

2. ZWISCHENHIRN: HERZZENTRUM: TYPEN 2 – 3 – 4

- Phase der Säugetiere
- Gehirn der **Selbstbehauptung** (Kampf oder Flucht)
- Sicherung **sozialer Bedürfnisse** (Nähe, Zuwendung, Wertschätzung, Anerkennung)
- Sitz der bunten Welt der **Gefühle**
- Ausgeprägtes **Verantwortungsgefühl für andere**
- Fällt Entscheidungen „**aus dem Gefühl heraus**"
- **Liebe zu den Menschen**: findet Ausdruck im **Geben**
- Besonders ausgeprägte Sinne: **Schmecken** und **Berühren**
- Bewegungsrichtung: **Auf andere zugehen**
- Hinwendungstypen, wenden sich anderen zu (Hysterie – Bedürftigkeit)

- Zentrales Thema: **SCHAM**

Wegen menschlicher Unzulänglichkeit

gegenwartsorientiert

Erlangung von persönlicher Identität + Ansehen

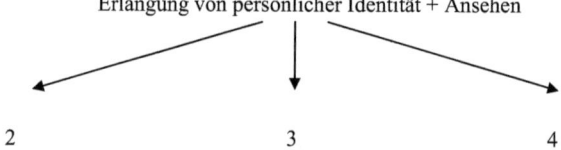

2	3	4
Sucht eigenes Gefühlsleben in äußeren Bindungen	Eigenes Gefühlsleben eingeschlafen	Findet reichhaltiges Gefühlsleben im Innern
Stolz darauf, anderen bei deren Aufgaben zu helfen	Täuschung (der Zweck heiligt die Mittel)	Anders sein als alle anderen
Aktives Helfen	Erfolgreiche Überzeugungskraft	Höchste Sensibilität
Einfühlsamer Berater	Tatkräftiger Gewinner	Begnadeter Künstler
Soziale Bindungen (wieder)-herstellen	Großes für alle aufbauen	Welt durch Kreativität bereichern

3. GROßHIRN: KOPFZENTRUM: TYPEN 5 – 6 – 7

- Phase des **Bewusstseins**
- Gehirn des **Selbstbewusstseins** (Wer bin ich – wo komme ich her – wo gehe ich hin)
- Sicherung **verstandesmäßiger Bedürfnisse** (Ethik, Wissenschaft, Visionen)
- Sitz der **Reflektionen** und **Erkenntnisse**
- Ausgeprägter **Forscher- Entdeckungs-** und **Beobachtungsdrang**
- Fällt Entscheidungen „**aus dem Kopf heraus**"
- **Liebe zu den Ideen**: findet Ausdruck im (Auf-)Nehmen
- Besonders ausgeprägter Sinn: **Sehen**
- Bewegungsrichtung im Umgang mit anderen: **weggehen, zurückweichen**
- **Abkehrtypen,** wenden sich von anderen ab (Zweifel, Sprunghaftigkeit)
- Zentrales Thema: **ANGST**

Vor der ungewissen Zukunft

zukunftsorientiert

Erlangung von Unterstützung + Sicherheit

5	6	7
Trägt die Angst in sich – zieht sich zurück (Turm)	Fühlt die Angst, braucht Sicherheit durch Einordnung in Hierarchie	Ignoriert die Angst durch Flucht in äußere Ablenkungen
Besessen, in der eigenen Disziplin total durchzublicken	Bedingungslose Pflichterfüllung aus Feigheit	Oberflächlich glücklich sein um jeden Preis
Genaues Analysieren und Forschen	Pflichtbewusstes Dienen	Treffsicheres Motivieren
Genialer Wissenschaftler	Feinfühliger Diplomat	Innovativer Visionär
Erkennen, was die Welt im Innersten zusammenhält	Soziale Strukturen aufbauen, wo jeder seinen Platz findet	Welt durch Visionen bereichern

II. NEUN ENNEAGRAMM-TYPEN

LEITFADEN ZUR TYPENDARSTELLUNG

TYP X: **DREI - CHARAKTERISTISCHE - BEZEICHNUNGEN**
(positive Entwicklungsrichtung von links nach rechts)

Kurzcharakteristik, definiert den Normalzustand des jeweiligen Typus

Pädagogik: mögliche, aber nicht zwingende Kindheitsentwicklung
zur Veranschaulichung des jeweiligen Typus

Kommunikation	Stärken	Schwächen
In der positiven Entwicklung aufsteigende Kommunikationsstile des jeweiligen Typus	In der positiven Entwicklung aufsteigenden essentiellen Charakterstärken des jeweiligen Typus,	In der negativen Tiefendimension absteigende, wesentliche Charakterschwächen des jeweiligen Typus,
In Anlehnung an die acht Kommunikationsstile nach Prof. Friedemann Schultz von Thun, Kommunikationswissenschaftler an der Universität Hamburg	gewonnen aus den Darstellungen der zahlreichen Literatur und den Erfahrungen meiner Seminararbeit,	die überwunden und zu Stärken formiert werden wollen .
(vgl. Literaturanhang)	nicht zuletzt auch dem alltäglichen Umgang mit anderen Menschen	→ Aus den größten Schwächen erwachsen die größten Stärken. Versuch einer Rangfolge: das Oberflächlichste steht oben, das Tiefste steht unten

Brillant → Geschliffen → Roh

ZIELE: **WONACH DER MENSCH WIRKLICH STREBT**

TYP 1: BESSERWISSER – LEHRER - REFORMER

Der zivilisierte Mensch: sauber, sittsam, ernst, diszipliniert, vernünftig und tugendhaft mit erhobenem Zeigefinger und Zornesfalte zwischen den Augenbrauen

Pädagogik: Vorzeigekind das sich nicht dreckig machen durfte, stattdessen still
und ernst sich früh der vernünftigen Erwachsenenwelt anpasste (Folge: Überdiszipliniertheit und -kontrolliertheit)

Kommunikation	Stärken	Schwächen
erhellend	Großartiger Reformer, der die Menschheit durch konsequente Weiterentwicklung des Guten voranbringt	starre Prinzipien
lehrend		Spießigkeit
spielerisch		Sturheit
einfühlsam		Pedanterie
heiter	Ganzheitliches Denken in großen Zusammenhängen und strukturierte lösungsorientierte Umsetzung	Perfektionismus
treffsicher		Übermäßige Strenge
		Scheinheiligkeit
		Empfindlichkeit
gelassen	sanfte, kluge, präzise Anleitung anderer	Humorlosigkeit
strukturierend		Nörgelei
erklärend	Vorbildliche Moral	Kritik- und Streitsucht
verständlich	Heiterkeit, Gelassenheit	
deutlich	Ehrlichkeit, Fairness	Kontrollsucht
ernsthaft	Eigenständigkeit	Verbissenheit
bestimmend	Komplexes gut erklären	Zwanghaftigkeit
	Perfektion	Eifersucht
ungeduldig	Selbstdisziplin	Zorn auf alles und jeden incl. sich selbst, was nicht perfekt nach eigenen Vorstellungen funktioniert
belehrend	Gewissenhaftigkeit	
überkritisch	Pünktlichkeit	
rechthaberisch	Ordnungssinn	
moralisierend	Durchhaltevermögen	Verbitterung
vorwurfsvoll	Zähigkeit	Hass
schroff		

Brillant → Geschliffen → Roh

ZIELE: VOLLKOMMENHEIT - INTEGRITÄT - REINHEIT

TYP 2:   BESSERKÖNNER – HELFER - BERATER

Der helfende Mensch: erfährt sich selbst, indem er unermüdlich anderen mit Rat und Tat zur Seite steht - braucht es gebraucht zu werden - lebt auf in Beziehungen, in denen er der gebende und dominierende Teil sein kann (Co-Abhängigkeit) **Pädagogik:** das erstgeborene, helfende Kind, das seinen Eltern Unterstützung in der Lebensgestaltung ist, früh Verantwortung für andere übernimmt

Kommunikation		Stärken	Schwächen
beratend		Gütiger Wohltäter der	Überbehütung und
sanft		Menschheit mit kompe-	Bevormundung ande-
liebevoll	**Brillant**	tenter, freilassender Hil-	rer, Einmischung in
tröstend		fe zur Selbsthilfe	deren Belange (Besit-
auffangend		Unentbehrlicher Berater	zergreifend und ab-
		oder Manager / Sozialer	hängig machend)
		Mittelpunkt einer Orga-	Manipulation durch
		nisation	Schmeichelei und In-
		Bedingungslose Nächs-	trigen legen
klug		tenliebe und starke, de-	Indirekte Machtaus-
einfühlend	**Geschliffen**	mütige Herzenskraft	übung über Dritte
verständnisvoll		(geheiligter Stolz)	(Macht ohne Verant-
herzlich		Barmherzigkeit und Mit-	wortung)
fröhlich		menschlichkeit	Unmut bei mangeln-
dominierend		Sensibilität für die Be-	der Aufmerksamkeit
		dürfnisse von Hilfesu-	u. Bestätigung (wird
		chenden und unauffälli-	bei Undank zur hyste-
schmeichelnd		ges, wirkungsvolles Ein-	rischen Furie)
geschwätzig		setzen für deren Belange	Verleugnung eigener
heuchlerisch		Fürsorge	Bedürfnisse u. Schwä-
intrigant		Unermüdlicher, tatkräf-	chen, stilisiert sich
dominant		tiger Einsatz für andere	gern zum Märtyrer
laut	**Roh**	Eigeninitiative	Stolz (will in der star-
beleidigt		Belastbarkeit	ken Position des Hil-
		Hilfsbereitschaft	fe-geben-Könnenden
		Altruismus	bewundert werden
			und verbleiben, selbst
			keine Hilfe oder gar
			Kritik annehmen)

ZIELE: FÜRSORGE - VERBUNDENHEIT - HINGABE - GÜTE

TYP 3: SCHAUSPIELER – UNTERNEHMER - GEWINNER

Der erfolgreiche Mensch: sucht soziale Anerkennung durch Besitz und Erfolg – konkurriert mit allen und muss die Nr. 1 sein – Versagen gibt es nicht

Pädagogik: das sich anstrengende Kind, das nicht einfach für sein Dasein geliebt wurde, sondern nur durch außergewöhnliche Leistungen und Erfolge in den Disziplinen, die die Familie wertschätzte, Aufmerksamkeit und Liebe bekam

Kommunikation		Stärken	Schwächen
			Ruheloser Aktionismus
gewinnend		Charismatischer Unternehmensleiter, setzt sich in Kooperation mit anderen erfolgreich für das Wohlergehen aller ein und teilt mit ihnen	Fasadenhaftigkeit und Täuschung (Mangelnde Authentizität)
begeisternd			
charismatisch	**Brillant**		Sucht nach Aufmerksamkeit und Bewunderung durch materielle Erfolge
bewegend			
authentisch	↑	Gewinnende, wahrhaftige Herzenskraft und Zuwendung, die andere mit in den Erfolg führt u. daran teilhaben lässt	
			Imponiergehabe: spielt jeweils die Rolle, von der er annimmt, das sie gerade am besten ankommt
herzlich			
verbindlich			
charmant		Echte Herzlichkeit	
motivierend	**Geschliffen**	Großzügigkeit im Geben von Gefühlen, Zeit, Berührung, inneren Wahrheiten und materiellen Werten	Statusdenken: Identifikation mit materiellen Werten, braucht Statussymbole
begeistert			
überzeugend			
beweisend	↑	Sensibilität für die Wünsche anderer	Ruinöse Konkurrenzhaltung: Verachtung für Verlierer
freundlich			
		Optimistischer Charme	
werbend		Anpassungsfähigkeit	Lügen nach der Devise: „Der Zweck heiligt die Mittel"
aufdringlich		Konkurrenzfähigkeit	
schauspielernd		Dynamik	Selbstbelügung
übertreibend		Effektivität, Tatkraft	Lebenslügen (macht in entscheidenden Bereichen des Lebens, sich und anderen etwas vor)
beschönigend	**Roh**	Erfolgsstreben, Dynamik	
unehrlich		Leistungsbereitschaft	

ZIELE: ERFOLG – WAHRHAFTIGKEIT - LIEBE

TYP 4:   ANDERSARTIGER – KREATIVER - KÜNSTLER

Der kreative Mensch: versucht auf sich aufmerksam zu machen, indem er sich nonkonformistisch gibt, vor gesellschaftlichen Grenzen nicht zurückschreckt, Tabus bricht, Erfahrungen jenseits der eigenen bekannten Welt sucht

Pädagogik: das verlassene Kind, das sich in der Familie als verlorener Außenseiter fühlt, oder gar keine Familie hat, anders ist und sein will als die anderen

Kommunikation	Stärken	Schwächen
sanft	Begnadeter Künstler, der die Welt mit seiner hingebungsvollen, unverwechselbaren Kunst bereichert	Elitäres, arrogantes, unangepasstes Auftreten
feinfühlig		
freudig		Launisches, chaotisches Gefühlsleben (führt oft zu Abhängigkeiten und Handlungsunfähigkeit)
natürlich		
Zuhörend	Kunst, die erfüllt ist v. ursprünglichen, natürlichen Wahrheiten	
dankbar		Egozentrische Empfindlichkeit (fühlt sich unverstanden)
lyrisch	Kreativität wird in Dankbarkeit und zur Freude anderer gelebt	Melancholischer Weltschmerz: Versunkenheit in Größe und Einmaligkeit des eigenen Leidens
verständnisvoll		
ausgewogen	Sensible Gefühlstiefe	
bildhaft	Mitgefühl u. Sensibilität für die Gefühle anderer und das Besondere in ihnen	Affinität zu Tragik und Tod: neigt zu skandalösem, Verhalten, erschafft sich Dramatik im Alltag
lustig		
sehnsuchtsvoll		
launenhaft	Sinnlichkeit	Depressives Selbstmitleid und Selbstbeweihräucherung
kapriziös, zickig	Romantik	
gekünstelt	Individualität	Eitelkeit (im Vergleich mit anderen auffallen und etwas Besonderes sein müssen)
tragisch	Kreativität	
dramatisierend	Gespür für Stil, Harmonie und Ästhetik	
lamentierend		Neid und Eifersucht (auf alle, die es scheinbar besser haben und besser sind)
verwirrend	Empfindsamkeit	
abgehoben	Understatement	
	Ungewöhnlichkeit	

Brillant → Geschliffen → Roh

ZIELE: INTENSITÄT - URSPRÜNGLICHES SEIN - FREUDE

TYP 5:   EINSIEDLER – SPEZIALIST - WISSENSCHAFTLER

Der introvertierte Mensch: lebt und forscht in seiner eigenen privaten Welt und reduziert den Kontakt mit der Außenwelt auf ein Mindestmaß

Pädagogik: das einsame Kind, das niemand hat, mit dem es seine Gefühle teilen kann oder das erdrückte Kind, das sich aufgrund von Überbehütung oder Übergriffen angstvoll in sich zurückzog

Kommunikation		Stärken	Schwächen
philosophisch		Genialer Wissenschaftler, der die Welt mit seinen Erfindungen weiterbringt	Vergeistigung
weise			Distanziertheit
intelligent			Beobachten und analysieren das Leben lieber (auch heimlich)
spritzig	**Brillant** ↑	Weiser Philosoph, der das menschliche Dasein objektiv verständlich macht	als es zu leben
objektiv			Kontaktarmut
zart		Findiger Entdecker, der durch genaues Hinschauen zu neuen Erkenntnissen kommt	Ungeselligkeit
höflich			sozial gehemmt
klug			Intimität und Betroffenheit vermeidend
analysierend		Fähigkeit, einer Sache forschend bis auf den Grund zu gehen oder bis zu Ende zu denken	Innere Leere
berichtend	**Geschliffen** ↑		Angst vor menschlicher Nähe
unparteiisch		Geduld	Isolation
sachlich		Unauffälligkeit	Einseitiges Spezial- u. Detailwissen
nüchtern		Unabhängigkeit	Besessenheit
verstockt		Bescheidenheit	Habsucht (intellektueller oder materieller Art
unpersönlich		Sparsamkeit	Geiz in Gefühlen, Materie und/oder Wissen (sich selber und anderen gegenüber)
abweisend		Selbstgenügsamkeit	
kalt	**Roh** ↑	Beobachtungsgabe	
stumm		Präzision	

ZIELE: DURCHBLICK – ALLWISSENHEIT – WEISHEIT

TYP 6: **ANGSTHASE – DIENER - DIPLOMAT**

Der ängstliche Mensch: braucht ein geschlossenes hierarchisches System, dem er sich unterordnen und in dem er sich verstecken kann, um sich sicher zu fühlen

Pädagogik: das verängstigte, schutzlose, Kind, das von unberechenbaren, inkompetenten Autoritäten aufgezogen wurde, von denen es erniedrigt, gedemütigt, beschämt und über die Maßen bestraft wurde. Fühlt sich als Verlierer und Versager.

Kommunikation		Stärken	Schwächen
		Behutsamer und zugleich mutiger Diplomat	Mangelndes Selbstwertgefühl
diplomatisch		Selbstbestimmter, ko-	Selbstzweifel (Angst
kooperativ	**Brillant**	operativer Teamchef, der anderen Raum für	vor Autoritäten und vor Erfolg)
selbstbewusst		Entscheidungen lässt	Argwohn (bis hin zum
objektiv		Intelligente, sensible	Verrat)
ermutigend		Wachsamkeit, 6. Sinn für drohende Gefahren und Ungereimtheiten	Zweifel und Misstrauer (werden in andere hineinprojiziert: Angst, verlassen zu werden)
logisch		Intelligenz	Pessimismus
warmherzig		Loyalität, Treue	Mitläufertum (graue
klug	**Geschliffen**	Zuverlässigkeit	Maus) bis hin zur Unterwerfung aus Ver-
kritisch		Originelle Ideen	antwortungslosigkeit
vorsichtig		Skurriler Humor	(Schuldzuweisung)
		Vorsicht	Verfolgungswahn (Paranoia, Wahnsinn)
begrenzend		Pflichtbewusstsein	Doppelleben führend (Hinterhältigkeit)
misstrauisch		Integrationsfähigkeit	Sonderfall Kontra-
ausweichend		Ordnung, Fleiß	phobie: kommt erwartetem Angriff aggres-
aggressiv		Dienen	siv zuvor
ängstlich	**Roh**	Selbstlosigkeit	Panische Angst (vor
unterwürfig			ausgedachtem oder selbstinszeniertem drohendem Unheil)

ZIELE: SICHERHEIT - KLUGES HANDELN - REINE INTELLIGENZ

TYP 7:   DILETTANT – SELBSTDARSTELLER - VISIONÄR

Der sonnige Mensch: will glücklich sein und andere glücklich machen, braucht
viel äußere Abwechslung und Ablenkung von seinem inneren Schmerz

Pädagogik: das ewige Kind, das seine Kindheit innerlich verherrlicht, um sich
nicht an die traumatisierenden Ereignisse erinnern zu müssen, aufgrund dessen es
in eine Phantasienwelt geflüchtet ist, an der es bis ins Erwachsenenalter festhält

Kommunikation	Stärken	Schwächen
visionär	Innovativer, nüchterner	Oberflächlichen, leicht-sinnigen Spaß haben
charismatisch	Visionär mit syntheti-scher Kraft, der den	(Adrenalinsucht)
realistisch	Menschen neue Hoff-	Dilettantismus (nichts
aufbauend	nung bringt, wenn sie	richtig, nichts zu Ende
wegweisend	mutlos am Boden liegen	machen)
hoffnungsvoll	Realistisch planender	Vermeidung von Leid
visualisierend	und vorangehender An-	u. Schmerz durch
begeisternd	führer mit strahlender Anziehungskraft	Schönreden u. – denken
charmant	Generalist, mit der Fä-higkeit, Freude und	Launisches Lustprinzip, wenig Festlegung durch Entscheidungen (Unent-
bildhaft	Hoffnung dahin zu tra-gen, wo Trauer herrscht	schlossenheit, Unpünkt-lichkeit, Unzuverlässig-
dialogisch		keit)
erzählend	Ideenreiche Intuition	Verschwendung von
aufheiternd	Nüchterner Realismus	Geld, Ressourcen, inne-ren Kräften
witzig	Kreativer Idealismus	
redselig	Lebendige Flexibilität	aus Angst, etwas zu verpassen zu viele An-
	Komplexität	gebote annehmend und Verführungen erliegend
schwatzhaft	Frohe Leichtigkeit	(Ja-Sager) → Schwie-rigkeit, sich selbst und
selbstgefällig	Schnelligkeit	anderen gegenüber
monologisch	Humor	Grenzen zu setzen
endlos, überdreht	Improvisationstalent	Maßlosigkeit (Gier): Es-sen, Feiern, Arbeiten, …
unverbindlich	Spontaneität	→ mehr scheint immer
oberflächlich	Optimismus	besser als viel

Brillant → *Geschliffen* → *Roh*

ZIELE: LEBENSFREUDE – REALISMUS - GLÜCKSELIGKEIT

TYP 8: KAMPFHAHN - ANFÜHRER - BESCHÜTZER

Der vitale Mensch, entschlossen, stark, direkt, kompromisslos und unabhängig; braucht viel Freiraum in der Gestaltung, dem Durchsetzen und Ausleben seines Machtanspruchs, Gerechtigkeitssinn, seiner Lebensinteressen und Leidenschaften.

Pädagogik: Das Kind aus der Gosse, wo weinerliche Schwäche Untergang und respektlose Stärke Sieg bedeutete (Folge: Unkontrollierte Kampfbereitschaft)

Kommunikation	Stärken	Schwächen
beschützend	Beschützender, furcht-	Schwarz-Weiß-
selbstsicher	loser, Einsatz für	Denken
machtvoll	Schwache, Entrechtete, Unterdrückte	Unüberlegte Rebel-lion
führungsstark	Gesunde und gerechte	Unanständigkeit
anführend	Ausübung von Macht	Leugnung eigener
	Scheinheiligkeit gna-denlos aufdeckend	Fehler: Schuldzu-weisung an andere
unmissverständlich		Arrogante Selbstge-
eindeutig	Führungsstärke	rechtigkeit: Herab-setzung anderer
offen	Gespür für Wahrheit	
direkt	und Gerechtigkeit	Respektlosigkeit (auch vor dem Tod)
anordnend	Selbstsicherheit	
klar, knapp	Konfliktbereitschaft	Rücksichtslosigkeit
konfrontativ	Tatkraft	Gnadenlosigkeit
	Entscheidungsfreude	Selbstherrlichkeit
befehlend		Rache
aggressiv	Unabhängigkeit	Angst vor Spott
provokativ	Durchsetzungsvermö-	Zorn (nach außen)
beschuldigend	gen	auf alles und jeden der sich ihm nicht
respektlos	Kraft, Stärke	unterordnet
verachtend	Belastbarkeit	Schamlosigkeit,
erniedrigend	Angstfreiheit	Wollust, Unver-
unverschämt	Mut	schämtheit

Brillant ▲ Geschliffen ▲ Roh (vertical axis labels)

ZIELE: STÄRKE - GERECHTIGKEIT - KOSMISCHE MACHT

TYP 9: NICHTSNUTZ - LEBENSKÜNSTLER - FRIEDENSTIFTER

Der unverdorbene, ursprüngliche, naive Mensch, unauffällig, selbstgenügsam, braucht nichts beweisen, erschaffen oder anderen gefallen, um zufrieden zu sein.

Pädagogik: Das natürliche Kind, das in der Kindheit keine besondere Aufmerksamkeit erhielt, eher übersehen oder ignoriert wurde und nebenbei mitlief (Folge: Gefühl nicht gebraucht zu werden und nicht wichtig zu sein)

Kommunikation		Stärken	Schwächen
Aktiv versöhnend		Engagierter Friedensstifter und Vermittler zwischen zerstrittenen	Profillosigkeit
friedvoll	Brillant	Parteien	Interesselosigkeit
beruhigend		Mutiger, bedingungsloser Einsatz für d. Frieden unter allen Lebewesen (Globales Denken - Faires Handeln)	Innere Unklarheit
mitfühlend			Desorientierung
gelassen			Kindliche Naivität
			Opportunismus
			Antriebsschwäche
versöhnlich		Kampfloser Widerstand	Bequemlichkeit: Unterlassungssünden
verständnisvoll		Sanftes Vermitteln unangenehmer Wahrheiten	Verweigerung: unbewegliches Aussitzen
ehrlich	Geschliffen	Toleranz, Ehrlichkeit	
harmonisierend		Harmonie verbreitend	Phlegmatische Sturheit
zuhörend		Gerechtigkeit	
ruhig		Zufriedenheit	Konfliktscheu: Angst vor Veränderungen und Entscheidungen
		Gelassenheit	
monoton			
zusammenhanglos		Beharrlichkeit	Selbstherabsetzung
abschweifend		Selbstgenügsamkeit	Resignation
desinteressiert		Beständigkeit	Zorn (eingeschlafen, kaum wahrnehmbar) auf alles und jeden der seine Ruhe stört
abweisend		Bescheidenheit	
orientierungslos	Roh	Innere Ruhe, Geduld	
vertrottelt		Duldsamkeit	Faulheit

ZIELE: VERSÖHNUNG - FRIEDEN - GEWAHRSEIN

III. ENTWICKLUNGSRICHTUNGEN
DIE FLÜGEL

Innerhalb des ENNEAGRAMMS gibt es eine Kontinuität in der Weise, dass es innerhalb Typenfolge keine Sprünge gibt. Ein Typ ergibt sich sozusagen aus der Fortschreibung des vorherigen, das System folgt einem innerlogischen zyklischen Kreislauf von Menschheitsentwicklung, beginnend mit Typ 9, dem natürlichen, ursprünglichen Menschen, und endend mit Typ 9, eine Art Perpetuum mobile.

Dementsprechend hat ein Typus mit **den beiden Typen rechts und links daneben** am meisten zu tun. Das sind die dazugehörigen **Flügel, die „aufgespannt" werden wollen** (Bsp: der Typus 4 hat die beiden Flügel 3 und 5). Das bedeutet, dass in der persönlichen Fortentwicklung früher oder später **die Eigenschaften** dieser nebenan liegenden Typen **in den eigenen Typ integriert werden wollen, um ihn zu bereichern**.

Oft ist erst mal nur einer der beiden Flügel natürlicherweise ein Stück weit zur Entfaltung gebracht. So können beispielsweise zwei Menschen desselben Typus sehr unterschiedlich erscheinen: eine 4 mit ausgebreitetem 5-er Flügel hat einer eher zurückgezogene bis depressive Haltung, während eine 4 mit ausgebreitetem 3-er Flügel eher dynamisch bis hyperaktiv daherkommt. Interessanterweise bilden sich in Liebesbeziehungen oft Paarungen **nebeneinander liegender Typen**, sodass jedem einzelnen von beiden die Mühe erspart bleibt, auch noch den zweiten Flügel zu entwickeln (Beispiel: ein 1 mit ausgeprägtem 9-er-Flügel fühlt sich zu einer 2 mit ausgeprägtem 3-er Flügel hingezogen).

Das Aufspannen eines Flügels ist zunächst deshalb etwas anstrengend (besonders wenn er in ein anderes Zentrum fällt, Bauch-Herz-Kopf), weil erst die schattenhafte Ausprägung erfahren und erkannt wird, was zu einem Zurückschrecken führen kann. Doch die Mühe lohnt sich, diese dann allmählich **in höhere Reife zu transformieren**, innerlich wachsen zu fühlen und äußerlich zunehmend leben zu können. Dies befruchtet denn auch wieder die Weiterentwicklung des eigenen Typus.

Ohne das Aufspannen beider Flügel kann ein Typ sich nicht ganz entfalten und aufschwingen zur höchsten Entwicklungsstufe innerhalb des ENNEAGRAMMS.

17

DER TROST- UND DER STRESSPUNKT

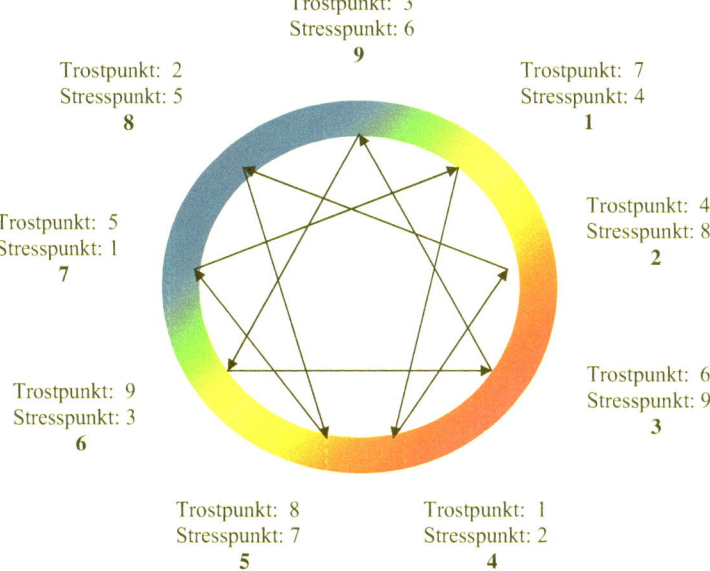

Trostpunkt: 3
Stresspunkt: 6
9

Trostpunkt: 2
Stresspunkt: 5
8

Trostpunkt: 7
Stresspunkt: 4
1

Trostpunkt: 5
Stresspunkt: 1
7

Trostpunkt: 4
Stresspunkt: 8
2

Trostpunkt: 9
Stresspunkt: 3
6

Trostpunkt: 6
Stresspunkt: 9
3

Trostpunkt: 8
Stresspunkt: 7
5

Trostpunkt: 1
Stresspunkt: 2
4

TROSTPUNKT (Integration)
Der Trostpunkt liegt vom jeweiligen Typus aus in Pfeilrichtung und verweist dynamisch an eine völlig andere Stelle im ENNEAGRAMM. Er zeigt an, wie sich ein Typus im entspannten (integrierten) Zustand verhält, wenn er sich sicher fühlt, es ist der noch tiefere Kern. So lebt im Herzen der ZWEI eine romantische VIER, die ihre kreative, ästhetische Seite entdeckt und es genießen kann, einmal nicht für andere da zu sein. Lebt sie diesen Trostpunkt allerdings in negativer Ausprägung, dann jammert und klagt sie (Kommunikationsstil der unentwickelten VIER) über ihr Leben und ihre Lieben, die ihr nicht genügend Aufmerksamkeit schenken. Auch hier besteht die Aufgabe, wie bei den Flügeln, in der Entwicklung und **Integration** der positiven Eigenschaften des Trostpunktes in den eigenen Typus.

STRESSPUNKT (Regression)
Der Stresspunkt liegt in Pfeilrichtung. Er zeigt das Verhalten einer Person an, die sich gerade im Stress befindet, also außerhalb ihrer Mitte ist. So kann sich beispielsweise eine fröhliche SIEBEN unter Stress wie eine nörgelnde, perfektionistische EINS zeigen. Hierin liegt die Herausforderung begründet, sich mit diesem Typus tiefer auseinander zu setzen, was für die SIEBEN bedeutet, zurück zu gehen (Regression), in die eigenen Tiefen zu, den hier „liegt der Hund begraben", die Wurzel des Übels der eigenen Fixierung. Die immer wiederkehrende Transformation und **Überwindung** des Stresspunktes in verschiedensten Aspekten ermöglicht große Entwicklungssprünge im eigenen Typus.

SICH SELBER FINDEN UND WACHSEN

Lange Zeit wollte ich nicht glauben, was in den Büchern steht: dass man genau ein Typ ist, keiner dazwischen und auch kein Zehnter, der erst noch erfunden werden müsste. Das ENNEAGRAMM ist allerdings so ausgereift, dass es mich eines Besseren belehrt hat. Auch ich habe mich gefunden und es hat bei mir sehr lange gedauert.

Zunächst ist der Weg der des Ausschlusses, ich erkenne recht schnell, welche Typen ich auf keinen Fall bin. Dann hilft die intensive Beschäftigung mit den drei Zentren Bauch, Herz und Kopf und den dazugehörenden ausgeprägten Sinneswahrnehmungen, habe ich eher einen ausgeprägten Gehör- und Geruchssinn, oder einen sensiblen Tast- und Geschmackssinn oder ist das Sehen für mich die intensivste Sinneswahrnehmung? Dann bleiben in der Regel 2-3 Typen übrig, mit denen ich mich dann näher beschäftige. Da ist dann mein Typ dabei und vermutlich auch einer meiner Flügel, den ich schon intensiv lebe, und vielleicht noch mein Trost- oder Stresspunkt. Die Kombination der übrig gebliebenen Typen gibt schon einen recht deutlichen Hinweis auf meinen Typ. Manchmal lebe ich mehr auf einem meiner Flügel, den ich gerade entfalte, dann brauche ich etwas länger, bis ich auch mit Hilfe meiner persönlichen Biografie entdecke, wer ich wirklich bin.

Die größte Herausforderung besteht schließlich darin, den Schock zu überwinden, auch die Schwächen des eigenen Typus zu akzeptieren. Und dabei ist es meistens so, dass man diese zu überwindenden negativen Ausprägungen am schlimmsten unter allen Schwächen des Enneagramms findet und auf keinen Fall sich gerade damit identifizieren will.

Ist dies geschafft, entsteht eine Stille im eigenen Innern und man ist angekommen, weiß wo man herkommt und wo man hingehen kann, das schafft Frieden und zeigt den Weg auf und gibt somit wieder Hoffnung. Vor allem wenn man sich dabei vor Augen hält, dass die negativsten Eigenschaften zu den herausragendsten im Enneagramm werden können: so wird der respektlose Rebell zum barmherzigen Beschützer und die stolze ZWEI entwickelt einen geheiligten, demütigen Stolz.

Jede Eigenschaft ist im ENNEAGRAMM doppelt vorhanden, allerdings verschieden aspektiert: beispielsweise leben sowohl die EINS als auch die FÜNF Genauigkeit, die EINS in äußeren Strukturen und die FÜNF im Detail, was sich dann irgendwann trifft, wenn beide gut entwickelt sind. Oder das Helfen ist bei der ZWEI und bei der SECHS zu finden, wobei die ZWEI selbstbestimmt hilft und die Sechs eher dient, also auf Anordnung handelt, was sich dann auch wieder irgendwann trifft, wenn die ZWEI demütiger und die SECHS eigenständiger wird. Die Kreativität finden wir bei der SIEBEN in Form von Ideenreichtum und bei der VIER als schöpferische Kraft. Deshalb gibt erst die Kombination von verschiedenen Eigenschaften einen deutlichen Hinweis auf meinen Typus.

Und dann beginnt die eigentliche Arbeit der Weiterentwicklung, weshalb ich ja zu dem ENNEAGRAMM als Leitfaden gegriffen habe. Ich beginne mich mit den Aspekten meines Typus auseinander zu setzen, die ich weiterentwickeln will, indem ich den Flügel annehme und entfalte, mit dem ich bisher nichts zu tun hatte, beispielsweise nimmt der erfolglose VIERER-Künstler seinen DREIER-Erfolgsflügel mit in sein Leben auf und wird dadurch glücklicher. Oder der überdisziplinierte EINSER erkennt die Wohltat des Nach-Draußen-Gehens und Feierns in seinem SIEBENER-Trostpunkt, oder der überaktive DREIER erkennt, dass er unter Stress in die sich verweigernde NEUN geht und weiß dann endlich, warum er manchmal, wenn alles drunter und drüber geht, nichts mehr auf die Reihe kriegt.

Immer wieder kann das ENNEAGRAMM mit seiner bezwingenden Logik und Einfachheit wertvolle Impulse zur Selbstbesinnung und Verhaltensänderung geben. Vor allem lenkt es den eigenen Blick auf die anderen acht Welten, in denen der Rest der Menschheit lebt und erweitert somit den eigenen Horizont. Andere Menschen und Handlungsweisen können besser verstanden werden: Toleranz nimmt zu und Handlungsalternativen im Umgang miteinander eröffnen sich. Das schafft mehr Frieden im eigenen Innern und den Beziehungen am Arbeitsplatz, im Freundeskreis und innerhalb der Familie.

Werde der, der du warst, bevor du warst,
mit der Erinnerung und dem Verständnis dessen,
der du geworden bist.

Sufi-Sprichwort

AUSBLICK IN DIE WEITEREN ANWENDUNGSMÖGLICHKEITEN
UND TIEFENDIMENSIONEN DES ENNEAGRAMMS

BERUFLICH

- Zuordnung von Berufen zu den einzelnen Typen
- Welche Abteilung repräsentiert innerhalb eines Unternehmens kollektiv welchen ENNEAGRAMM -Typus und wie sie mit diesem angewandten Wissen dann besser miteinander kooperieren können
- Aufgabenverteilung innerhalb eines Teams: Welche Eigenschaften die einzelnen Typen für welche berufliche Herausforderungen prädestinieren
- Einzelbeziehungen am Arbeitsplatz – welche Typenkonstellation liegt vor und wie lässt sich die Arbeitsbeziehung erfolgreich nach dem Win-win-Prinzip gestalten?

PRIVAT

- Typenkonstellationen innerhalb der Partnerbeziehung und der Familie - Harmonisierung des Umgangs miteinander
- Freizeitgestaltung und Lebensplanung – was passt zu mir?

GLOBAL

- Zuordnung von Tieren, Farben, Ländern, Weltreligionen

TIEFENDIMENSION

- Zuordnung bekannter Persönlichkeiten (VIPs) zur Veranschaulichung
- Die doppelten Eigenschaften und ihre verschiedenen Aspektierungen
- Die Polaritäten und die Sprünge im Enneagramm
- Die Abwehrmechanismen der einzelnen Typen und die Versuchungen, die tiefen Fixierungen, was die einzelnen unbedingt vermeiden wollen, in welche Fallen sie immer wieder tappen und was jeweils hilft auf den Wegen zur Erlösung

LITERATURVERZEICHNIS ENNEAGRAMM I

Gallen, Maria-Anne Neidhard, Hans	Das Enneagramm unserer Beziehungen 9. Auflage, Rowohlt Taschenbuch Verlag, Reinbek bei Hamburg 1994
Jaxon-Bear, Eli	Das spirituelle Enneagramm – Neun Pfade der Befreiung Wilhelm Goldmann Verlag, München 2003
Kirschke, Waltraud	Enneagramms Tierleben – 2 x 9 Fabeln Claudius Verlag, München 1993
Kirsten, Bernd und Dahmen Beate	Ich durchschaue Dich Bernd Raffler Verlag, Lippstadt 2004
Küstenmacher, Marion	Das Enneagramm der Weisheit – Spirituelle Schätze aus drei Jahrtausenden Claudius Verlag, München 1996
Küstenmacher, Marion und Werner	Das Enneagramm-Spiel – Auf fröhliche Weise sich und andere verstehen Claudius Verlag, München
Küstenmacher, Werner / Seiwert, Lothar J.	Simplify your life – Einfacher und glücklicher leben 6. Auflage, Campus Verlag, Frankfurt/Main 2002
Palmer, Helen	Das Enneagramm – Sich selbst und andere besser verstehen Droemersche Verlagsanstalt Th.Knaur Nachf., München 1991
Riso, Don Richard und Hudson, Russ	Die Weisheit des Enneagramms Wilhelm Goldmann Verlag, München 2000
Rohr, Richard / Ebert, Andreas	Das Enneagramm – Die 9 Gesichter der Seele 34. Auflage, Claudius Verlag, München 1999
Schirm, Rolf W.	Die Biostruktur-Analyse 1 – Schlüssel zur Selbsterkenntnis 20. Auflage in völliger Neubearbeitung, IBSA Institut, Baar (CH) 1997

Fragebogen zum Projektbericht:

„Möglichkeiten und Grenzen des Enneagramms als Instrument der Personalentwicklung"

Sabine Gramm, Studium der Betriebswirtschaft, Fachrichtung Personalwesen/Organisation

Betreuung durch Prof. Kempkes, AKAD Fachhochschule Stuttgart

---

1. Persönliche Daten

Geschlecht   ♀ weiblich   ♂ männlich

Alter   --

Ausbildung   --

Derzeit ausgeübter Beruf   ---

2. Enneagramm-Kenntnisse

Vorkenntnisse durch Selbststudium   ☐ja, intensiv ☐ja, etwas ☐nein, gar nicht

Teilnahme am Enneagramm-Basisseminar (8h) am --

Was ich mir aufgrund der Erkenntnisse aus dem Seminar

für die nächsten 14 Tage in meinem Berufsalltag ganz konkret vornehme: -----------------

----

----

3. Selbstbeobachtung im Berufsalltag

3.1 Mein Enneagramm-Typ Nr.:

3.1.1. Stärken die ich lebe und wie ich sie konkret beruflich einsetze (3-5)

3.1.2. Schwächen, die ich erkenne und wie sich das konkret im Arbeitsalltag zeigt (3-5)

3.1.3. Potentiale, die ich in mir erkenne und wie ich versuche, sie weiterzuentwickeln (2-3)

3.2. Mein **vorangestellter Nachbartyp** d. Verteidigung, der **linke Flügel** des Rückhalts, **Nr.:**

3.2.1. In welchen Situationen tritt er zutage

3.2.2. Wie setze ich ihn ein

3.2.3. In welcher Qualität zeigt er sich bisher?

3.2.4. Wie sieht mein nächster Schritt zur Weiterentwicklung hier aus?

3.3. Mein **nachfolgender Nachbartyp** der Motor, der **rechte Flügel** der Inspiration, Nr.:

3.3.1. In welchen Situationen tritt er zutage?

3.3.2. Wie setze ich ihn ein?

3.3.3. In welcher Qualität zeigt er sich bisher?

3.3.4. Wie sieht mein nächster Schritt zur Weiterentwicklung hier aus?

3.4. Mein **Stresspunkt** – der Punkt meiner Herausforderung Nr.:

Wie reagiere ich unter **Stress**

3.4.1.negativ

3.4.2. positiv

3.4.3. Wie kann ich mich hier **weiterentwickeln?**

3.5. Mein **Trostpunkt** – der Punkt meiner Entspannung Nr.:

wie regiere ich, wenn ich mich sicher und entspannt fühle

3.5.1. negativ

3.5.2. positiv

3.5.3. Wie kann ich mich hier **weiterentwickeln?**

----

4. Selbsteinschätzung, in welcher Ausprägung ich die einzelnen Seinszustände lebe

Brillant	☐	☐	☐	☐	☐
Geschliffen	☐	☐	☐	☐	☐
Mittelmäßig	☐	☐	☐	☐	☐
Roh	☐	☐	☐	☐	☐
Gar nicht	☐	☐	☐	☐	☐
	Stresspunkt Nr.:	Linker Flügel Nr.:	Enneagrammtyp Nr.:	Rechter Flügel Nr.:	Trostpunkt Nr.:

5. Enneagramm-Bewertung

5.1. Aufgrund meiner bisherigen Erfahrungen

 ➢ Teilnahme am Enneagramm-Basisseminar und

 ➢ 14-tägige Selbstbeobachtung

eignet sich meiner Meinung nach das Enneagramm als Instrument

zur generellen Bewusstseinsschärfung in Stärken, Schwächen und Potentialen

☐**gar nicht**   ☐**etwas**   ☐**gut**   ☐**sehr gut**

und speziell **im beruflichen Alltag** zur Selbstanalyse und Weiterentwicklung

☐gar nicht   ☐etwas   ☐gut   ☐sehr gut

6. Ergebnisse und Fortschritte

bezüglich dem, was ich mir für diese 14 Tage ganz konkret vorgenommen habe (vgl. Pkt.2):

6.1. Gelungen: --

6.2. Nicht Gelungen: --

Anmerkungen jeglicher Art:
